가장 알기 쉬운

영어 대조

기초 미얀마어회화

부산외국어대학교 교수 최재현

SAMJI BOOKS

| 머리말 |

세계화 · 개방화의 인터넷 시대에 외국어 붐이 일고 있는 것은 당연한 일이다. 세계인들이 지구촌의 한 가족으로서 그 어느 때보다도 친밀하게 된 것이다. 이러한 시대에 지구촌의 여러 곳을 방문하여 그 곳의 새로운 생활과 풍습과 문화를 접한다는 것은 실로 즐겁고 기쁜 일이 아닐 수 없다. 이 때 방문하는 나라의 언어를 기본적인 회화만이라도 이해하고 습득하고 있으면 그 때의 그 방문은 훨씬 유익하고 산 경험이 될 것이다.

60년대만 해도 아시아에서 경제 대국이었던 미얀마는 그 동안 장기간에 걸친 군부 지배로 인하여 경제적으로 침체되었었으나, 현재 세계적인 천연자원 부국이라는 국가 경쟁력이 부각되어 경제 성장 잠재력이 매우 큰 국가로 주목받고 있다. 미얀마는 1997년 아세안(ASEAN) 10개국에 가입하였고, 2014년 아세안 순회의장국으로 결정되어 그 위상이 한층 높아졌으며, 더욱이 2010년 11월 총선거에서 군사 정부에서 민간 정부로 정권이 이양되어, 이러한 민주화 물결 속에서 해외 기업들의 투자가 줄을 잇고 있다.

특히 전 이명박 대통령이 작년 5월 14, 15일 미얀마를 방문하여 미얀마 U Thein Sein 대통령과 양국 정상 회담을 가진 바 있는데, 이로써 한국과 미얀마간의 경제 협력은 앞으로 더욱더 가시화될 전망이다.

이 회화 책자는 영어 회화까지 포함하는 국내에서는 처음으로 시도되는 영어 대조 미얀마어 회화 책자이다. 그렇기 때문에 책의 성격상 한국인은 영어와 미얀마어를, 외국인은 미얀마어와 한국어를 동시에 공부할 수 있다는 장점을 가지고 있다.

아무쪼록 이 책자가 미얀마를 찾는 방문객들과 미얀마에 관심이 있어 미얀마어를 학습하고자 하는 사람들에게 없어서는 안 될 꼭 필요한 회화 지침서가 되었으면 하는 바람이다.

2013. 8.

부산 우암골에서 저자

|차 례|

이 책의 특징과 사용법

- 이 책은 미얀마어 문자를 모르고서도 누구든지 미얀마어로 의사 소통이 가능하도록 일상 생활에서 자주 사용되는 간결하고 간단한 700 문장들의 발음을 원음에 가깝게 한국어로 표기하였다.

- 이 책은 영어 회화까지 포함시킴으로써 영어와 대조하면서 미얀마어를 공부할 수 있도록 하였다. 따라서, 이 책은 외국인이 미얀마어뿐만 아니라 한국어까지 공부할 수 있다는 장점을 가지고 있다.

- 이 책은 현지인의 음성을 녹음한 CD를 제공, 혼자서라도 미얀마어의 정확한 발음과 성조를 익힐 수 있도록 하였다.

- 이 책은 필요에 따라 용도에 맞는 어휘를 찾아볼 수 있도록 회화에 자주 사용되는 기본 용어를 수록한 부록란을 마련하였다.

- 이 책은 한국어 발음 위에 1성은 \, 2성은 _, 3성은 /, 성문 폐쇄음은 +로 각각 성조 표시를 하였다.

미얀마어의 발음과 특징

미얀마어는 언어 계통으로 볼 때 차이나-티벳 어족(Sino-Tibetan)의 티벳-버마어계(Tibeto-Burman)에 속하며, 언어 사용자가 5천만 명을 훨씬 넘는 이 언어계의 대표적인 언어에 속한다. 성조(tone)를 가지고 있는 점이나, 어휘의 대부분이 단음절이라는 점은 차이나-티벳 어족의 언어에서 흔히 볼 수 있는 공통점으로 간주할 수 있다.

1. 기본 문자

미얀마 문자에는 기본 문자가 33개 있다. 이들 문자는 문자 자체 그대로 발음하는 경우에는 다음과 같이 모두 모음 a를 동반한다.

က	ka.	ခ	kha.	ဂ	ga.	ဃ	ga.	င	nga.
စ	sa.	ဆ	hsa.	ဇ	za.	ဈ	za.	ည	nya.
ဋ	ta.	ဌ	hta.	ဍ	da.	ဎ	da.	ဏ	na.
တ	ta.	ထ	hta.	ဒ	da.	ဓ	da.	န	na.
ပ	pa.	ဖ	hpa.	ဗ	ba.	ဘ	ba.	မ	ma.
ယ	ya.	ရ	ya.	လ	la.	ဝ	wa.		
သ	tha.	ဟ	ha.	ဠ	la.				
အ	a.								

위에서 제 1단의 5문자는 연구개음, 제 2단의 5문자는 마찰음, 제 3단과 제 4단은 치경음, 제 5단은 양순음, 제 6단과 제 7단은 반모음, 측면음, 치간음, 성문음, 그리고 제 8단은 모음을 각각 나타낸다. 또한, 제 5단까지 종(縱)으로 보았을 때, 제일 좌측의 문자는 무성무기음, 좌에서 제 2열은 무성유기음, 제 3열과 제 4열은 유성음, 그리고 제일 우측의 문자는 비음을 각각 나타낸다.

2. 복합 문자

기본 문자에 특정의 부호를 첨가하여 만든다. 부호에는 ya.pin., ya.yi?, ha. htou:, wa.hswe: 이렇게 4종류가 있다.

(1) ya.pin., ya.yi? 부호(구개화 부호)가 기본 문자표의 제 1단(연구개음)의 문자에 첨가되면 파찰음이 된다.

① ya.pin. 부호가 첨가되는 경우

ကျ kya.　　ချ cha.　　ဂျ ja.

② ya.yi? 부호가 첨가되는 경우

ကြ kya.　　ခြ cha.　　ဂြ ja.　　ငြ nya.

(2) ya.pin., ya.yi? 부호가 기본 문자표의 제5단(양순음)의 문자에 첨가되면 양순음이 구개화된다.

① ya.pin. 부호가 첨가되는 경우

ပျ pya. ဖျ hpya. ဗျ bya. မျ mya.

② ya.yi? 부호가 첨가되는 경우

ပြ pya. ဖြ hpya. ဗြ bya. မြ mya.

(3) ha.htou: 부호(무성화 부호)는 기본 문자표 제일 우측의 비음과 제 6단과 7단 중 아래의 5문자와 결합하여 다음과 같이 발음된다.

① 비음과 결합하는 경우

ငှ hnga. ညှ hnya. နှ hna. မှ hma.

비음이 무성화된다.

② 제 6단과 7단의 문자와 결합하는 경우

ယှ sha. ရှ sha. သျှ sha. လှ hla.

ဝှ hwa.

앞의 3문자는 경구개 마찰음을 나타내고, 나머지 2문자는 마찰화된 측면음과 무성화된 반모음을 각각 나타낸다.

(4) wa.hswe: 부호(순음화 부호)는 약간의 예외를 제외하고는 기본 문자와 복합문자 모두와 결합할 수 있다. 그 결합과 발음은 다음과 같다.

ကွ kwa.	ခွ khwa.	ဂွ gwa.		ငွ ngwa.
စွ swa.	ဆွ hswa.	ဇွ zwa.		ညွ nywa.
တွ twa.	ထွ htwa.	ဒွ dwa.	ဓွ dwa.	နွ nwa.
ပွ pwa.	ဖွ hpwa.	ဗွ bwa.	ဘွ bwa.	မွ mwa.
ယွ ywa.	ရွ ywa.	လွ lwa.	သွ thwa.	ဟွ hwa.
ကျွ kywa.	ကြွ kywa.	ချွ chwa.	ခြွ chwa.	ဂျွ jwa.
နှွ hnwa.	မှွ hmwa.	ရှွ shwa.	လှွ hlwa.	

3. 모음과 성조

모음에는 단모음과 이중 모음이 있다. 단모음은 7개인데, 그 어느 것도 초성, 중성, 종성의 위치에 올 수 있다. 그리고 이들 모음에는 제 1성인 하강형(下降型), 제 2성인 저평형(低平型), 제 3성인 고평형(高平型)으로 구별되는 3개의 성조가 있다. 이것을 a라는 문자를 예로 들어 나타내면 다음과 같다.

하강형		저평형		고평형	
အ	a.	အာ	a	အား	a:
အိ	i.	အီ	i	အီး	i:
အု	u.	အူ	u	အူး	u:

하강형		저평형		고평형	
ေအ့	ei.	ေအ	ei	ေအး	ei:
အဲ့	e.	အယ်	e	အဲ	e:
ေအာ့	o.	ေအာ်	o	ေအာ	o:
အို့	ou.	အို	ou	အိုး	ou:

이상의 단모음 가운데, a 와 i는 한국어의 '아' 와 '이' 에 해당하지만, u는 한국어의 '우' 보다 훨씬 입술이 둥글게 된다. ei는 한국어의 '에' 에 해당하고, e는 한국어의 '애' 에 해당한다. 그리고 o는 입모양이 큰 한국어의 '오' 의 발음이고, ou는 입모양이 작은 '오' 의 발음이다.

3개의 성조를 서로 비교해 보면, 제 1성인 하강형은 높고 짧게 발음되고, 급속히 하강하는 동시에 성문의 긴장을 동반한다. 제 2성인 저평형은 낮고 길게 높낮음이 거의 없이 발음되고, 제 3성인 고평형은 높고 길게 발음된다.

4. 폐음절의 발음

미얀마어에서의 폐음절은 모음으로 끝나는 개음절과는 뚜렷이 구별되는 것으로서 자음으로 끝나는 음절을 말한다. 폐음절 단어의 초성에는 기본 문자와 복합 문자의 자음이 오고, 중성에는 단모음과 이중 모음이 온다. 그리고 종성에는 성문폐쇄음과 비음의 자음이 온다. 폐음절의 결합과 발음과의 관계는 다음과 같다.

	က်	င်	စ်	ည်	တ်	ပ်	န်	မ်(ံ)
အ	အက် e?	အင် in	အစ် i?	အည် i, ei, e	အတ် a?	အပ် a?	အန် an	အမ်(အံ) an(an)
အိ					အိတ် ei?	အိပ် ei?	အိန် ein	အိမ် ein
အု					အုတ် ou?	အုပ် ou?	အုန် oun	အုံ oun
အော	အောက် au?	အောင် aun						
အို	အိုက် ai?	အိုင် ain						
အွ					အွတ် u?	အွပ် u?	အွန် un	အွမ်(အွံ) un(un)

폐음절의 문자로서 종성에 올 수 있는 문자는 기본 문자표 제일 좌측의 4문자와 제일 우측의 4문자로 8문자뿐인데, 이들 문자에 atha? 부호를 붙임으로써 전자는 성문폐쇄음, 후자는 비음이 형성된다. 종성이 성문폐쇄음으로 끝나는 경우에는 모음의 발음은 높고 지극히 짧게 발음한다는 특징이 있다. 그래서 이것을 독립하여 따로 고단형(高短型)인 제 4성이라고 말하는 학자도 있다. 한편, 종성이 비음으로 끝나는 경우에는 개음절의 경우와 마찬가지로 3개의 성조, 즉 하강형, 저평형, 고평형으로 구별하여 각각 발음한다.

01 일상회화

일상 회화

001 네.

Yes.

ဟုတ်ကဲ့။

호웃깨

002 아니오.

No.

ဟင့်အင်း။

힝잉

003 그렇습니까?

Is that so?

ဟုတ်သလား။

호웃딸라

004 그렇습니다.

It is so.

ဟုတ်ပါတယ်။

호웃빠대

005 그렇지 않습니다.

It is not so.

မဟုတ်ပါဘူး။

마호웃빠부

006 안녕하세요?

Good morning. Good afternoon. Good evening.

မင်္ဂလာပါ။

밍갈라바

007 잘 지내십니까? (별일 없습니까?)

How are you?

နေကောင်းရဲ့လား။

네까웅 얘라

008 잘 지냅니다. (별일 없습니다.)

Very well, thank you.

နေကောင်းပါတယ်။

네까웅 바 대

009 당신은요? (남성이 말할 때)

And you?

ခင်ဗျားကော။

카먀 고

010 저도 잘 지냅니다. (남성이 말할 때)

I am well, too, thanks.

ကျွန်တော်လဲ နေကောင်းပါတယ်။

짜노 래 네까웅 바대

011 잘 지내십니까? (별일 없으십니까?)

Are you in good health?

မာရဲ့လား။

마얘라

012 잘 지냅니다. (별일 없습니다.)

Yes, I am (in good health).

မာပါတယ်။

마바대

013 당신은요? (여성이 말할 때)

And you?

ရှင်ကော။

싱 고

014 저도 잘 지냅니다. (여성이 말할 때)

I am fine, too, thank you.

ကျွန်မလဲ မာပါတယ်။

짜마 래 마바대

015 만나서 반갑습니다.

I am glad to see you.

တွေ့ရတာ ဝမ်းသာပါတယ်။

뛔야다 웡따 바대

016 곧 돌아올 거예요.

I'll be back soon.

မကြာခင် ပြန်လာဦးမယ်။

마짜깅 삐양라오웅매

017 또 만나요. (1)

See you later.

ဆုံကြသေးတာပေါ့။

소웅자 데 다 뽀

018 또 만나요. (2)

See you again.

တွေ့ရသေးတာပေါ့။

뛔야 데 다 뽀

019 안녕히 계세요. (떠나는 측) (1)

Good bye.

သွားပါဦးမယ်။

똬바오웅매

020 안녕히 계세요. (떠나는 측) (2)

Good bye.

ခွင့်ပြုပါဦး။

크윙쀼바오웅

021 안녕히 가세요. (보내는 측)

Good bye.

ကောင်းပါပြီ။

까웅 바비

022 좋아요.

Ok. All right.

ကောင်းပါပြီ။

까웅 바비

023 동의합니다.

I agree.

သဘောတူပါတယ်။

다보 뚜 바대

024 동의하지 않습니다.

I don't agree.

သဘောမတူပါဘူး။

다보 마뚜바부

025 정말이에요?

Really? Indeed? Is that true?

တကယ်လား။

다개 라

026 정말이에요.

Yes, it's true.

တကယ်ပါ။

다개 바

027 확실해요.

I'm sure. It's sure.

သေချာပါတယ်။

떼자 바대

028 확실하지 않아요.

I'm not certain. It's not certain.

မသေချာပါဘူး။

마떼자 바부

029 그럴 거예요.

I think so.

ဟုတ်ပါလိမ့်မယ်။

호웃빠레잉매

030 그렇지 않을 거예요.

I don't think so.

ဟုတ်မယ် မထင်ပါဘူး။

호웃매 마팅바부

031 알았습니까? (이해했습니까?)

Do you understand?

နားလည်သလား။

나래 달라

032 네, 알았습니다. (네, 이해했습니다.)

Yes, I understand.

ဟုတ်ကဲ့၊ နားလည်ပါတယ်။

호웃깨 나래 바대

033 아니오, 모르겠습니다. (아니오, 이해하지 못했습니다.)

No, I don't understand.

ဟင့်အင်း၊ နားမလည်ပါဘူး။

힝잉 나말래 바부

034 그것을 압니까?

Do you know that?

အဲဒါကို သိပါသလား။

애다고 띠바달라

035 그것을 알아요.

I know that.

အဲဒါကို သိပါတယ်။

애다고 띠바대

036 그것을 몰라요.

I don't know that.

အဲဒါကို မသိပါဘူး။

애다고 마띠바부

037 이것을 좋아합니까?

Do you like this?

ဒါကို ကြိုက်ပါသလား။

다고 짜익빠달라

038 좋아합니다.

Yes, I like it.

ကြိုက်ပါတယ်။

짜익빠대

039 네, 좋아해요.

Yes, I like it.

ဟုတ်ကဲ့၊ သဘောကျပါတယ်။

호웃깨 다보짜 바대

040 좋아하지 않습니다.

No, I don't like it.

မကြိုက်ပါဘူး။

마짜익빠부

041 아니오, 좋아하지 않아요.

No, I don't like it.

ဟင့်အင်း၊ သဘောမကျပါဘူး။

힝잉 다보 마짜 바부

042 맞습니다.

That's right.

မှန်ပါတယ်။

흐망바대

043 틀립니다.

That's wrong.

မှားပါတယ်။

흐마바대

044 가능해요!

It's possible!

ဖြစ်နိုင်ပါတယ်။

핏나잉바대

045
불가능해요!
It's impossible!
မဖြစ်နိုင်ဘူး။
마핏나잉부

046
감사합니다.
Thank you.
ကျေးဇူးတင်ပါတယ်။
쩨주 띵 바 대

047
대단히 감사합니다.
Thank you very much.
ကျေးဇူးအများကြီးတင်ပါတယ်။
쩨주 아먀지 띵 바 대

048
천만의 말씀입니다.
Never mind. Don't mention it.
ကိစ္စမရှိပါဘူး။
께잇싸 마시바부

049
괜찮습니다.
It's all right.
ရပါတယ်။
야바대

050 환영합니다.

You are welcome.

ကြိုဆိုပါတယ်။

쪼조 바대

051 들어오세요.

Please come in.

ဝင်ခဲ့ပါ။

윙개바

052 편히 하세요.

Make yourself comfortable, please.

နေတတ်သလို နေပါ။

네 닷 딸로 네 바

053 이리 오세요.

Please come here.

ဒီကို ကြွပါ။

디고 쫘바

054 축하합니다. (1)

Congratulations!

ဂုဏ်ယူပါတယ်။

고웅유바대

055 축하합니다. (2)

Congratulations!

ဝမ်းသာပါတယ်။

웡따 바대

056 참 안 됐군요.

That's too bad.

လွန်တာပေါ့။

룽 다 뽀

057 조심하세요.

Take care!

ဂရုစိုက်ပါ။

가유싸익빠

058 도와 드릴까요?

Can I help you?

ကူညီပါရစေ။

꾸니 바야제

059 무엇을 도와 드릴까요?

Can I help you?

ဘာ ကူညီပေးရမလဲ။

바 꾸니 뻬야말래

060 이것을 미얀마어로 어떻게 부릅니까?

What do you call this in Myanmar?

ဒါကို မြန်မာလို ဘယ်လို ခေါ်သလဲ။

다고 미얀마로 배로 코달래

061 미얀마어를 못합니다.

I don't speak Myanmar.

မြန်မာလို မတတ်ပါဘူး။

미얀마로 마땃빠부

062 잘 되기 바랍니다.

Best of luck.

အဆင်ပြေပါစေ။

아싱 삐예 바제

063 당신은 누구세요?

Who are you?

ခင်ဗျား ဘယ်သူပါလဲ။

카먀 배두 바 래

064 그것은 뭐예요?

What's that?

အဲဒါ ဘာလဲ။

애다 바래

065 언제예요? (과거의 언제)

When?

ဘယ်တုန်းကလဲ။

배도웅가 래

066 언제예요? (미래의 언제)

When?

ဘယ်တော့လဲ။

배도 래

067 왜요?

Why?

ဘာဖြစ်လို့လဲ။

바핏로 래

068 어느 것이에요?

Which?

ဘယ်ဟာလဲ။

배하 래

069 어떻게요?

How?

ဘယ်လိုလဲ။

배로 래

070 얼마나요?

How much? How many?

ဘယ်လောက်လဲ။

배라욱 래

071 값은 얼마예요?

How much does it cost?

ဘယ်လောက် ကျသလဲ။

배라욱 짜달래

072 얼마나 멀어요?

How far is it?

ဘယ်လောက် ဝေးသလဲ။

배라욱 웨달래

073 얼마나 걸려요?

How long does it take?

ဘယ်လောက် ကြာမလဲ။

배라욱 짜말래

074 무슨 일이에요?

What's the matter?

ဘာဖြစ်တာလဲ။

바핏 따 래

075 뭐라고요?

What do you say?

ဘာပြောတာလဲ။

바 뽀 다 래

076 나이는 몇 살이에요?

How old are you?

အသက်အရွယ် ဘယ်လောက်လဲ။

아땍아유애 배라욱 래

077 무엇을 원하세요?

What do you want?

ဘာ လိုချင်ပါသလဲ။

바 로징 바달래

078 지금 몇 시예요? (1)

What time is it now?

အခု ဘယ်နှနာရီလဲ။

아쿠 배흐나나이래

079 지금 몇 시예요? (2)

What time is it now?

အခု ဘယ်နှနာရီ ရှိပြီလဲ။

아쿠 배흐나나이 시비래

080 지금 몇 시예요? (3)

What time is it now?

အခု ဘယ်နှနာရီ ထိုးပြီလဲ။

아쿠 배흐나나이 토비래

081 5시예요.

It's five o'clock.

ငါးနာရီ ရှိပြီ။

응아나이 시비

082 한국 대사관은 어디예요?

Where is the Korea Embassy?

ကိုရီးယားသံရုံး ဘယ်မှာလဲ။

꼬리야 땅요웅 배흐마래

083 버스 정류장은 어디에 있어요?

Where is the bus stop?

ဘတ်စကားဂိတ် ဘယ်မှာ ရှိသလဲ။

밧싸까게잇 배흐마 시달래

084 화장실은 어디예요?

Where is the lavatory?

အိမ်သာ ဘယ်မှာလဲ။

에잉다 배흐마 래

085 중국 식당은 어디에 있어요?

Where is the Chinese restaurant?

တရုတ်ထမင်းဆိုင် ဘယ်မှာ ရှိသလဲ။

따요웃 타밍자잉 배흐마 시달래

086 우리 어디에서 만납니까?

Where will you meet me?

ကျွန်တော်တို့ ဘယ်မှာ ဆုံကြမလဲ။

짜노도 배흐마 소웅자말래

087 제 것은 어느 것이에요? (남성이 말할 때)

Which is mine?

ကျွန်တော့်ဟာ ဘယ်ဟာလဲ။

짜노하 배하 래

088 제 것은 어느 것이에요? (여성이 말할 때)

Which is mine?

ကျွန်မဟာ ဘယ်ဟာလဲ။

짜마하 배하 래

089 이것은 누구 것이에요?

Whose is this?

ဒါ ဘယ်သူ့ဟာလဲ။

다 배두하 래

090 이것은 당신 것이에요? (남성이 말할 때)

Is this yours?

ဒါ ခင်ဗျားဟာလား။

다 카먀하 라

091 이것은 당신 것이에요? (여성이 말할 때)

Is this yours?

ဒါ ရှင့်ဟာလား။

다 싱하 라

092 이것은 그녀의 것이에요. 이것은 그의 것이에요.

This is hers. This is his.

ဒါ သူ့ဟာပါ။

다 뚜하 바

093 어느 것이 더 좋아요?

Which is better?

ဘယ်ဟာက ပို ကောင်းသလဲ။

배하가 뽀 까웅달래

094 어느 것을 가지겠어요?

Which will you take?

ဘယ်ဟာ ယူမလဲ။

배하 유말래

095 좀 해 주실 수 있습니까?

Can you do me a favour?

တစ်ခုလောက် လုပ်ပေးနိုင်မလား။

따쿠라웃 로웁뻬 나잉 말라

096 일본어를 말할 수 있도록 가르쳐 주실 수 있습니까?

Can you teach me to speak Japanese?

ဂျပန်လို ပြောတတ်အောင် သင်ပေးနိုင်မလား။

자빵로 뽜닷아웅 띵뻬나잉말라

097 당신의 이름은 무엇입니까?

What's your name?

ခင်ဗျာ့နာမည် ဘယ်လို ခေါ်ပါသလဲ။

카먀나매 배로 코바달래

098 실례지만 성함이 어떻게 되십니까?

May I know your name?

နာမည် သိပါရစေ။

나매 띠바야제

099 제 이름은 양아웅이라고 합니다.

My name is Yan Aun.

ကျွန်တော့်နာမည် ရန်အောင်လို့ ခေါ်ပါတယ်။

짜노나매 양아웅로 코바대

100 집에 놀러가도 괜찮습니까?

May I visit at your home?

အိမ်ကို လာလည်ပါရစေ။

에잉고 라래 바야제

101 여기에서 담배 피워도 괜찮습니까?

May I smoke here?

ဒီမှာ ဆေးလိပ် သောက်လို့ ရပါသလား။

디흐마 세레입 따욱로 야바달라

102 전화 잠깐 쓸 수 있을까요?

May I use your phone?

ဖုန်း ခဏ သုံးပါရစေ။

포웅카나 또웅바야제

103 제 친구 미스타 이를 소개하겠습니다.

I'll introduce my friend Mr. Lee.

ကျွန်တော့်မိတ်ဆွေ မစ္စတာလီနဲ့ မိတ်ဆက်ပေးပါမယ်။

짜노메잇쉐 밋싸따리내 메잇색뻬바매

104 늦지 마세요.

Don't be late.

နောက်မကျပါနဲ့။

나웃마짜바내

105 잊지 마세요.

Don't forget.

မမေ့ပါနဲ့။

마메바내

106 조용히 해!

Keep quiet!

တိတ်တိတ် နေ။

떼잇떼잇 네

107 빨리빨리 해!

Hurry up!

မြန်မြန် လုပ်။

미얀미얀 로웁

108 천천히 말하세요.

Speak slowly.

ဖြည်းဖြည်း ပြောပါ။

폐베 뾰 바

109 여기에서 멈추세요.

Stop here.

ဒီမှာ ရပ်ပါ။

디흐마 얍빠

110 문을 닫으세요.

Shut the door.

တံခါးပိတ်ပါ။

다가 뻬잇빠

111 문을 여세요.

Open the door.

တံခါးဖွင့်ပါ။

다가 프윙바

112 정말 아름다워!

Beautiful!

လှလိုက်တာ။

흘라라익따

113 정말 맛있어!

Delicious!

အရသာရှိလိုက်တာ။

아야다시라익따

114 정말 이상해!

How strange!

ထူးဆန်းလှချည့်လား။

투장 흘라지라

115 배불러요.

I'm full.

ဝပါပြီ။

와바비

116 충분해요.

That's enough.

တော်ပါပြီ။

또바비

117 새해 복 많이 받으세요.

Happy New Year!

နှစ်သစ်ကာလမှာ မင်္ဂလာအပေါင်းနဲ့ ပြည့်စုံပါစေ။

흐닛띳까라흐마 밍갈라아빠웅내 삐예조웅바제

118 아직 이릅니다.

It is still early.

စောပါသေးတယ်။

쏘 바 데 대

119 당신의 시계는 빨라요.

Your watch is fast.

ခင်ဗျာ့နာရီ မြန်နေပါတယ်။

카먀나이 미얀네바대

120 그러나 제 시계는 늦어요.

But my watch is slow.

ဒါပေမဲ့ ကျွန်တော့်နာရီ နောက်ကျနေပါတယ်။

다베매 짜노나이 나욱짜네바대

121 오늘 날씨 어떻습니까?

How about today's weather?

ဒီနေ့ ရာသီဥတု ဘယ်လိုလဲ။

디네 야디우두 배로래

122 오늘 맑아요.

Today is a beautiful day.

ဒီနေ့ သာယာပါတယ်။

디네 따야바대

123 오늘 흐려요.

Today is cloudy.

ဒီနေ့ မိုးအုံ့ပါတယ်။

디네 모오웅바대

124 내일 비가 올까요?

Do you think it will rain tomorrow?

မနက်ဖြန် မိုးရွာမလား။

마낵팡 모유아말라

일상회화

125 비가 올 것 같아요.

It looks like rain.

မိုးရွာမယ် ထင်တယ်။

모유아매 팅대

126 비가 올지 몰라요.

It may rain.

မိုးရွာချင် ရွာမယ်။

모유아징 유아매

127 우산을 가져가야만 합니까?

Should I take an umbrella with me?

ထီး ယူသွားရမလား။

티 유똬 야말라

128 바람이 세차게 불고 있어요.

The wind is blowing pretty hard.

လေက ပြင်းပြင်းထန်ထန် တိုက်နေပါတယ်။

레가 삥빙탕당 따익네바대

129 태풍이 불고 있어요.

It is stormy.

မုန်တိုင်းကျနေပါတယ်။

모웅다잉 짜네바대

130 비가 그쳤어요.

It has stopped raining.

မိုးစဲပြီ။ မိုးတိတ်ပြီ။

모쌔비 모떼잇삐

131 아주 더워요.

It's very hot.

သိပ် ပူပါတယ်။

떼입 뿌바대

132 아주 추워요.

It's very cold.

သိပ် အေးပါတယ်။

떼입 에바대

133 이 주소를 찾아가고 싶습니다.

I want to go to this address.

ဒီလိပ်စာကို သွားချင်ပါတယ်။

디레입싸고 똬징바대

134 거기에 걸어갈 수 있을까요?

Can I walk there?

အဲဒီကို လမ်းလျှောက်သွားလို့ ရပါသလား။

애디고 랑샤욱 똬로 야바달라

135 걸어가면 가까워요?

Is it within walking distance?

လမ်းလျှောက်သွားရင် နီးပါသလား။

/ + / _ / _ /

랑샤욱 따잉 니바달라

Memo

02 도착

도 착

001 여권을 보여 주세요.

Passport, please.

နိုင်ငံကူးလက်မှတ် ပြပါ။

나잉강꾸랙흐맛 빠바

002 여권 여기 있어요.

Here is my passport.

ပတ်စပို့ ဒီမှာပါ။

빳싸뽀 디흐마바

003 미얀마에 얼마나 오래 머무르실 예정입니까?

How long are you planning to stay in Myanmar?

မြန်မာပြည်မှာ ဘယ်လောက် ကြာကြာ နေမှာလဲ။

미얀마삐흐마 배라욱 짜자 네흐마래

004 한 달 정도입니다.

About one month.

တစ်လလောက်ပဲ။

딸라 라욱빼

005 주소는 까라웨익 호텔입니다.

I will be at the Karaweik Hotel.

လိပ်စာက ကရဝိက်ဟိုတယ်ပါ။

레입싸가 까라웨익호때바

006 미얀마에 아는 사람이 있습니까?

Do you have a friend in Myanmar?

မြန်မာပြည်မှာ အသိရှိပါသလား။

미얀마삐흐마 아띠 시바달라

007 한 사람도 없습니다.

None at all.

တစ်ယောက်မှ မရှိပါဘူး။

따야욱흐마 마시바부

008 미얀마에 무슨 이유로 오셨습니까?

What is the reason for your visit?

မြန်မာပြည်ကို ဘာအကြောင်းနဲ့ လာတာလဲ။

미얀마삐고 바아짜웅내 라다래

009 사업 때문에 왔습니다.

I am on a business trip.

လုပ်ငန်းအတွက် လာတာပါ။

로웁응앙아뜨왝 라다바

010 국적은 어디입니까?

What is your nationality?

ဘာလူမျိုးလဲ။

바 루묘 래

011 한국인입니다.

I am Korean.

ကိုရီးယားလူမျိုးပါ။

꼬리야 루묘바

012 직업은 무엇입니까?

What is your occupation?

အလုပ်အကိုင် ဘာလဲ။

알로웁아까잉 바래

013 사업가입니다.

I am a businessman.

စီးပွားရေးလုပ်ငန်းရှင်ပါ။

씨봐예 로웁응앙싱바

014 이 가방 두 개가 제 거예요.

These two bags are mine.

ဒီအိတ်နှစ်လုံးက ကိုယ့်ဟာပါ။

디에잇 흐나로웅가 꼬하바

015 이 가방 좀 열어 보여 주세요.

Open this bag, please.

ဒီအိတ် ခဏ ဖွင့်ပြပါ။

디에잇 카나프윙뺘바

016 이것들은 모두 선물 줄 것들이에요.

These things are all gifts.

ဒါတွေက အားလုံး လက်ဆောင်ပေးတာတွေပါ။

다뒈가 아로웅 랙사웅 뻬다뒈바

017 그 가방 안에 무엇이 들어 있나요?

What is in that bag?

အဲဒီသေတ္တာထဲမှာ ဘာရှိသလဲ။

애디띳따대흐마 바시달래

018 이것들은 제 개인용품들이에요.

These things are for my own private use.

ဒါတွေက ကိုယ်ပိုင်သုံးဖို့ပါ။

다뒈가 꼬바잉또웅보바

019 옷들뿐이에요.

Nothing but clothing.

အဝတ်အစားတွေချည်းပါပဲ။

아우엇아싸 뒈 지바배

020 이 물건들을 미얀마를 떠날 때 다시 가져갈 거예요.

I will take these things back with me when I leave Myanmar.

ဒီပစ္စည်းတွေကို မြန်မာပြည်က ထွက်မယ့်အခါ ပြန်ယူသွားပါ့မယ်။

디삣씨뒈고 미얀마삐가 트왝매아카 삐양유따바매

021 이것 관세 지불해야 하나요?

Do I have to pay a duty on this?

ဒါကို အကောက်ခွန် ပေးရမှာလား။

다고 아까욱쿵 삐야흐마라

022 관세 얼마예요?

How much is the duty?

အကောက် ဘယ်လောက် ကျသလဲ။

아까욱 배라욱 짜달래

023 짐 검사가 다 끝났습니다.

Your luggage has been examined.

ပစ္စည်းတွေကို စစ်ပြီးပါပြီ။

삣씨뒈고 씻삐바비

024 이제 가도 좋습니까?

Can I go now?

သွားနိုင်ပြီလား။

따나잉비라

025 환전을 여기에서 할 수 있나요?

Can I change money here?

ငွေ ဒီမှာ လဲရမှာလား။

응웨 디흐마 래야흐마라

026 달러를 환전하고 싶어요.

I want to change some dollars.

ဒေါ်လာကို လဲချင်ပါတယ်။

돌라고 래징바대

027 오늘 환율 얼마예요?

What's the rate of exchange today?

ဒီနေ့ ငွေလဲနှုန်း ဘယ်လောက်လဲ။

디네 응웨래흐노웅 배라욱래

028 여행자 수표 받습니까?

Do you accept travelers' checks?

ခရီးသွားချက် လက်ခံသလား။

카이똬책 랙캉달라

029 네, 받습니다.

Yes, we accept.

ဟုတ်ကဲ့၊ လက်ခံပါတယ်။

호웃깨 랙캉바대

030 그렇다면 이 수표를 환전하고 싶어요.

Then, I would like to cash this check.

ဒီလိုဆိုရင် ဒီချက်ကို ငွေလဲချင်ပါတယ်။

디로소잉 디책꼬 응웨래징바대

03 숙박

숙박

001 이 근처에 호텔 있습니까?

Is there a hotel somewhere here?

ဒီအနီးအနားမှာ ဟိုတယ် ရှိပါသလား။

디아니아나흐마 호때시바달라

002 빈 방 있어요?

Have you any room vacant?

အခန်းလွတ် ရှိပါသလား။

아캉 룻 시바달라

003 조용하고 공기가 잘 통하는 방을 원해요.

I want a quiet and airy room.

တိတ်တိတ်ဆိတ်ဆိတ်နဲ့ လေရတဲ့အခန်း လိုချင်ပါတယ်။

떼잇떼잇세잇세잇내 레야대아캉 로징바대

004 잠깐만 기다리세요.

Just a moment, please.

ခဏ စောင့်ပါဦး။

카나싸웅바오웅

005 싱글 베드 있는 방 하나를 원해요.

I want a room with single bed.

ခုတင်တစ်လုံးတည်းရှိတဲ့ အခန်းတစ်ခန်း လိုချင်ပါတယ်။

가딩딸로웅대시대 아캉따캉 로징바대

006 안에 욕실이 딸린 방 하나를 원해요.

I want a room with bathroom inside.

အတွင်းရေချိုးခန်းရှိတဲ့ အခန်းတစ်ခန်း လိုချင်ပါတယ်။

아뜨윙예초강시대 아캉따캉 로징바대

007 에어컨이 딸린 방 하나를 원해요.

I want a room with air conditioner.

လေအေးစက်ပါတဲ့ အခန်းတစ်ခန်း လိုချင်ပါတယ်။

레에잭 빠 대 아캉따캉 로징바대

008 값이 더 싼 방을 원해요.

I want a cheaper room.

ဈေး ပို သက်သာတဲ့အခန်း လိုချင်ပါတယ်။

제 뽀 때따 대 아캉 로징바대

009 방을 보게 해 주세요.

Let me see the room, please.

အခန်း ကြည့်ပါရစေ။

아캉 찌 바야제

010 이 방은 좁아요.

This room is small.

ဒီအခန်းက ကျဉ်းတယ်။

디아캉가 찡대

011 이것보다 큰 방을 원해요.

I want a larger one.

ဒီထက် ကြီးတဲ့အခန်း လိုချင်တယ်။

디댁 찌대아캉 로징대

012 다른 방을 보여 주세요.

Show me any other room, please.

တခြားအခန်း ပြပါဦး။

따차 아캉 빠바오웅

013 맞은편 방은요?

What about the opposite room?

မျက်နှာချင်းဆိုင်အခန်းဆိုရင်ကော။

미액흐나칭자잉 아캉소잉고

014 이 방 숙박료 얼마예요?

What is the charge for this room?

ဒီအခန်းခ ဘယ်လောက်လဲ။

디아캉가 배라욱래

015

하룻밤만이에요.

For one night only.

တစ်ညတည်းပါ။

따냐대바

016

값이 너무 비싸요.

That is too expensive!

ဈေးကြီးလွန်းတယ်။

제 찌 룽 대

017

값을 좀 깎아 주세요.

Can you make it cheaper?

နည်းနည်း လျှော့ပေးပါဦး။

내내 쇼 뻬 바 오웅

018

이 방으로 하겠습니다.

I'll take this room.

ဒီအခန်းကို ယူမယ်။

디아캉고 유매

019

방 번호가 몇 번이죠? (방이 몇 호실이죠?)

What is the number of my room?

အခန်းနံပါတ် ဘယ်လောက်လဲ။

아캉 낭밧 배라웃래

020 호텔에서 음식을 제공 받을 수 있나요?

Do you serve meals in the hotel?

ဟိုတယ်မှာ အစားအသောက် ရသလား။

호때흐마 아싸아따욱 야달라

021 호텔에 주차장이 있습니까?

Do you have a garage in the hotel?

ဟိုတယ်မှာ ကားထားဖို့နေရာ ရှိသလား။

호때흐마 까타보네야 시달라

022 제 짐을 운반해 주세요.

Please bring up my luggage.

ကျွန်တော့်ပစ္စည်းတွေ သယ်ခဲ့ပါ။

짜노 삣씨 뒈 때개바

023 방 안에서 아침 식사를 하고 싶어요.

I want to have breakfast in my room.

အခန်းထဲမှာ မနက်စာကို စားချင်တယ်။

아캉대흐마 마낵싸고 싸징대

024 아침 6시에 깨워 주세요.

Please wake me up at six o'clock in the morning.

မနက်ခြောက်နာရီမှာ နှိုးပေးပါ။

마낵차욱나이흐마 흐노뻬바

025 점심과 저녁 식사는 호텔에서 하지 않습니다.

I don't have lunch and dinner in the hotel.

နေ့လယ်စာနဲ့ညစာ ဟိုတယ်မှာ မစားပါဘူး။

네래자 내 냐자 호때흐마 마싸바부

026 호텔에서 세탁을 해 줍니까?

Do you do any washing in the hotel?

ဟိုတယ်မှာ အဝတ်လျှော်ပေးသလား။

호때흐마 아우엇쇼 뻬달라

027 이 옷을 다림질하고 싶어요.

I want these clothes to be ironed.

ဒီအဝတ်တွေကို မီးပူတိုက်ချင်တယ်။

디아우엇뛔고 미부따익칭대

028 이 바지를 드라이클리닝하고 싶어요.

I want these trousers to be dry-cleaned.

ဒီဘောင်းဘီရှည်ကို အခြောက်လျှော်ချင်တယ်။

디바웅비셰고 아차웃쇼 징대

029 내일 아침 식사 후 이제 떠날 거예요.

I am leaving tomorrow morning after breakfast.

မနက်ဖြန် မနက်စာစားပြီးရင် ထွက်တော့မယ်။

마낵팡 마낵싸 싸삐잉 트왝또매

030

청구서 가져오세요.

Give me the bill, please.

ဘီလ် ယူခဲ့ပါ။

빌 유개바

031

지금 계산할게요.

I want to pay now.

အခုပဲ ရှင်းမယ်။

아쿠배 싱매

032

방 안에서 제 짐들을 내려 주세요.

Get my luggage down from my room.

အခန်းထဲက ကျွန်တော့်ပစ္စည်းတွေ အောက်ချပေးပါ။

아캉대가 짜노 삣씨뒈 아욱차뻬바

033

택시 불러 주세요.

Please call a taxi for me.

တက္ကစီကား ခေါ်ပေးပါ။

땍까씨까 코뻬바

034

기차역에 갈 거예요.

I go to the railway station.

ဘူတာရုံကို သွားပါမယ်။

부다요웅고 똬바매

035 여기 방 열쇠.

Here is the key for my room.

ဒီမှာ အခန်းသော့။

디흐마 아캉또

Memo

04 여행

여행

001 매표소는 어디예요?

Where is the ticket office?

လက်မှတ်ရုံ ဘယ်မှာလဲ။

랙흐맛요웅 배흐마래

002 망달레행 급행 열차는 몇 시에 출발합니까?

At what time will the express train for Mandalay leave?

မန္တလေးအမြန်ရထား ဘယ်အချိန်မှာ ထွက်မလဲ။

망달레 아미얀야타 배아체잉흐마 트왝말래

003 바고에서 내릴 수 있어요?

Can I break the trip at Bago?

ပဲခူးမှာ ဆင်းခဲ့လို့ ရသလား။

바고흐마 싱개로 야달라

004 삐에서 기차가 멈춥니까?

Does the train stop at Pyi?

ပြည်မှာ ရထားရပ်သလား။

삐흐마 야타 얍딸라

005 어느 플랫홈에서 출발합니까?

From what platform does the train leave?

ဘယ်စင်္ကြံက ထွက်မလဲ။

배징장가 트왝말래

006 3번 플랫홈에서 출발합니다.

The train leaves from platform No. 3.

အမှတ် ၃ စင်္ကြံက ထွက်ပါမယ်။

아흐맛 또웅 징장가 트왝빠매

007 급행 열차가 망달레에 몇 시에 도착합니까?

At what time will the express train arrive at Mandalay?

အမြန်ရထား မန္တလေးကို ဘယ်အချိန်မှာ ရောက်မလဲ။

아미얀야타 망달레고 배아체잉흐마 야욱말래

008 따지행 급행 열차표 예매하고 싶어요.

I want to reserve seats on the express train for Thazi.

သာစည်အမြန်ရထားအတွက် ကြိုတင်လက်မှတ် ဝယ်ချင်ပါတယ်။

따지 아미얀야타 아뜨왝 쪼띵랙흐맛 왜징바대

009 창가쪽 좌석을 원해요.

I would like to have a seat near the window.

ပြတင်းပေါက်နားထိုင်ခုံ လိုချင်ပါတယ်။

바딩바욱나 타잉고웅 로징바대

010 왼쪽 좌석을 원해요.

I want to have a seat on the left.

ဘယ်ဘက်ထိုင်ခုံ လိုချင်ပါတယ်။

배백 타잉고웅 로징바대

011 오른쪽 좌석을 원합니다.

I want to have a seat on the right.

ညာဘက်ထိုင်ခုံ လိုချင်ပါတယ်။

냐백 타잉고웅 로징바대

012 일등칸 티켓을 사고 싶어요.

I want to buy a first class ticket.

ပထမတန်းလက်မှတ် ဝယ်ချင်ပါတယ်။

빠타마당 랙흐맛 왜징바대

013 보통칸 티켓을 사고 싶어요.

I want to buy an ordinary class ticket.

ရိုးရိုးတန်းလက်မှတ် ဝယ်ချင်ပါတယ်။

요요당 랙흐맛 왜징바대

014 왕복 티켓을 사고 싶어요.

I want to buy a round trip ticket.

အသွားအပြန်လက်မှတ် ဝယ်ချင်ပါတယ်။

아똬아삐양 랙흐맛 왜징바대

015 편도 티켓을 사고 싶어요.

I want to buy a one-way ticket.

အသွားလက်မှတ် ဝယ်ချင်ပါတယ်။

아따 랙흐맛 왜징바대

016 침대칸 티켓을 사고 싶어요.

I want to buy a sleeping car ticket.

အိပ်ခန်းတွဲလက်မှတ် ဝယ်ချင်ပါတယ်။

에입캉돼 랙흐맛 왜징바대

017 이 좌석에 사람 있어요?

Is this seat taken?

ဒီခုံ လူရှိသလား။

디코웅 루 시달라

018 있어요.

Yes, it is taken.

ရှိတယ်။

시대

019 없어요.

No, it is free.

မရှိဘူး။

마시부

020 너무 더워요. 선풍기를 켜도 좋습니까?

It's very hot. May I turn on the fan?

အိုက်လာပြီ။ ပန်ကာဖွင့်လိုက်ရမလား။

아익라비 빵까 프윙라익야말라

021 너무 추워요. 창문을 닫아도 좋습니까?

I'm feeling very cold. May I shut the window?

ချမ်းလာပြီ။ ပြတင်းပေါက်ပိတ်လိုက်ရမလား။

창라비 바딩바욱 뻬잇라익야말라

022 담배 피울 수 있을까요?

Do you mind if I smoke?

ဆေးလိပ်သောက်လို့ ရမလား။

세레입 따욱로 야말라

023 지금 어느 역입니까?

What station now?

အခု ဘာဘူတာရုံလဲ။

아쿠 바부다요웅래

024 어디에서 내리세요?

Where will you get off?

ဘယ်မှာ ဆင်းမှာလဲ။

배흐마 싱흐마래

025 신문 읽으시겠어요?

Would you like to read my newspaper?

သတင်းစာ ဖတ်ဦးမလား။

/ _ + / /
다딩자 팟오웅말라

026 미얀마 신문이에요?

Do you mean a Myanmar newspaper?

မြန်မာသတင်းစာလား။

_ _ / _ /
미얀마 다딩자라

027 미얀마어를 읽을 수 없습니다.

I can't read Myanmar.

မြန်မာလို မဖတ်တတ်ဘူး။

_ _ _ + + /
미얀마로 마팟땃푸

028 영자 신문 있어요?

Do you have an English newspaper?

အင်္ဂလိပ်သတင်းစာ ရှိပါသလား။

/ + / _ \ _ /
잉가레입 다딩자 시바달라

029 식당칸은 어디예요?

Where is the dining car?

စားသောက်တွဲ ဘယ်မှာလဲ။

/ + / _ _ /
싸따욱뙈 배흐마래

030
자리 좀 잠깐 봐 주세요.

May I ask you to look after my seat for a while?

နေရာလေး တစ်ဆိတ် ကြည့်ထားပေးပါ။

네야레 따세잇 찌타뻬바

031
구경을 하고 싶어요.

I would like to go sightseeing.

လည်ပတ်ကြည့်ရှုချင်ပါတယ်။

래빳 찌슈 징바대

032
그렇다면 차를 빌려야만 해요.

Then, you must hire a car.

ဒါဖြင့်ရင် ကားငှားရမယ်။

다핑잉 까흥아야매

033
한 시간에 얼마예요?

What is the charge per hour?

တစ်နာရီကို ဘယ်လောက်လဲ။

따나이고 배라욱래

034
하루에 얼마예요?

What is the charge per day?

တစ်နေ့ကို ဘယ်လောက်လဲ။

따네고 배라욱래

035
일주일 내내 빌릴 수 있어요?
Can I rent a car by the week?
တစ်ပတ်လုံး ငှားလို့ ရသလား။
+ / / \ \ /
다밧로웅 흥아로 야달라

036
가이드도 제공해 줍니까?
Do you also supply a guide?
ဧည့်လမ်းညွှန်ရော ထည့်ပေးမလား။
\ / _ / \ / /
애랑흐눙요 태뻬말라

037
영어를 잘 할 수 있는 가이드를 원해요.
I need a good English-speaking guide.
အင်္ဂလိပ်စကား ကောင်းကောင်း ပြောတတ်တဲ့ ဧည့်လမ်းညွှန် လိုချင်တယ်။
/ + / / / /+ \ \ / _ _ _ _
잉가레입자가 까웅가웅 뾰닷때 애랑흐눙 로징대

038
신용 카드로 지불할 수 있나요?
Will you accept any credit card for payment?
ကြွေးဝယ်ကတ်နဲ့ ပေးလို့ ရမလား။
/ _+ \ / \ \ /
쯔웨왜깟내 뻬로 야말라

039
지불할 수 없습니다.
You can't use any credit card for payment.
ပေးလို့ မရဘူး။
/ \ \ /
뻬로 마야부

040 미얀마 짭으로만 지불할 수 있어요.

You can use only Myanmar Kyat for payment.

မြန်မာကျပ်နဲ့ပဲ ပေးလို့ ရပါတယ်။

미얀마짭내배 뻬로 야바대

041 좋은 미얀마 지도를 얻을 수 있을까요?

Can you supply me with a good road map of Myanmar?

မြန်မာပြည် မြေပုံကောင်းကောင်း ရနိုင်မလား။

미얀마삐 메보웅까웅가웅 야나잉말라

042 바강에 가기 위해서는 어느 길이 가장 좋습니까?

What is the best road to Bagan?

ပုဂံကိုသွားဖို့ ဘယ်လမ်းက အကောင်းဆုံးလဲ။

바강고 똬보 배랑가 아까웅조웅래

043 이 길이 좋습니까?

Is this road good?

ဒီလမ်းက ကောင်းသလား။

디랑가 까웅달라

044 이 길은 어디로 가는 거예요?

Where does this road go?

ဒီလမ်းက ဘယ်ကို သွားတာလဲ။

디랑가 배고 똬다래

045

버스 정류장은 어디예요?

Where is the bus station?

ဘတ်စကားမှတ်တိုင် ဘယ်မှာလဲ။

밧싸까 흐맛따잉 배흐마래

046

라쇼에 가기 위해서는 어느 버스를 타야만 합니까?

Which bus must I get to go to Lasho?

လားရှိုးကိုသွားဖို့ ဘယ်ဘတ်စကား စီးရမလဲ။

라쇼고 똬보 배밧싸까 씨야말래

047

이 버스 모웅유아에 갑니까?

Does this bus go to Mounywa?

ဒီဘတ်စကား မုံရွာကို သွားမလား။

디밧싸까 모웅유아고 똬말라

048

얼마 동안 기다려야만 합니까?

How long must I wait?

ဘယ်လောက် ကြာကြာ စောင့်ရမလဲ။

배라욱 짜자 싸웅야말래

049

30분 정도예요.

About 30 minutes.

နာရီဝက်လောက်ပဲ။

나이왝 라욱빼

050 빙우르윙 가는 버스 하루에 몇 대 나갑니까?

How many buses are there daily to Pyinulwin?

ပြင်ဦးလွင်ကို တစ်နေ့ ဘတ်စကားဘယ်နှစ်စင်း ထွက်သလဲ။

삥우르윙고 따네 밧싸까 배흐나씽 트왝딸래

051 좌석 두 자리 남겨 두세요.

Please reserve two seats.

ထိုင်ခုံနှစ်ခုံ ချန်ထားပေးပါ။

타잉고웅흐나코웅 창타뻬바

052 제 동료 두 사람이 곧 도착해 올 거예요.

My two friends will be here soon.

ကျွန်တော့်အဖော်နှစ်ယောက်က မကြာခင် ရောက်လာမယ်။

짜노 아포 흐나야욱까 마짜깅 야욱라매

053 바강이 여기에서 꽤 멀어요?

Is Bagan far from here?

ပုဂံက ဒီကနေ တော်တော် ဝေးသလား။

바강가 디가네 또도 웨달라

054 이제 내린다면 말하세요.

Please tell me when to get off.

ဆင်းတော့မယ်ဆိုရင် ပြောပါ။

싱 도 매소잉 뾰바

055 다음 정류장에서 내릴게요.

Please let me off at the next stop.

ရှေ့မှတ်တိုင်မှာ ဆင်းမယ်။

셰흐맛따잉흐마 싱매

056 너무 빨리 운전하지 마세요.

Don't drive so fast.

သိပ် မြန်မြန် မမောင်းနဲ့။

떼입 미얀미얀 마마웅내

057 천천히 운전하세요.

Drive slowly, please.

ဖြည်းဖြည်း မောင်းပါ။

페베 마웅바

058 여기에서 잠깐 멈추세요.

Stop here a moment.

ဒီမှာ ခဏ ရပ်ပါ။

디흐마 카나 얍빠

059 먹을 것을 사고 싶기 때문이에요.

Because I want to buy something to eat.

စားစရာကို ဝယ်ချင်လို့ပါ။

싸자야고 왜징로바

060 여기 요금.

Here is the fare.

ဒီမှာ ကားခ။

디흐마 까가

061 거스름돈 남겨 주세요.

Give me the change.

ပြန်အမ်းပါဦး။

삐양앙 바오웅

062 거스름돈 남겨 주지 마세요.

Keep the change.

ပြန်မအမ်းနဲ့တော့။

삐양 마앙내도

063 이 근처에 좋은 해변 있습니까?

Is there a good ocean beach around here?

ဒီအနီးတစ်ဝိုက်မှာ ပင်လယ်ကမ်းခြေကောင်းကောင်း ရှိသလား။

디아니따와익흐마 삥래깡제까웅가웅 시달라

064 여기에서 차로 가면 한 시간 정도 걸려요.

It will take about one hour by car from here.

ဒီက ကားနဲ့သွားရင် တစ်နာရီလောက် ကြာမယ်။

디가 까내 똬잉 따나이라웃 짜매

065 버스로도 갈 수 있어요.

You can go to by bus also.

ဘတ်စကားနဲ့လဲ သွားလို့ ရတယ်။

밧싸까내래 똬로 야대

066 저는 수영을 아주 좋아해요.

I like swimming very much.

ကျွန်တော် ရေကူးတာကို အင်မတန် ကြိုက်ပါတယ်။

짜노 예꾸다고 잉마땅 짜익빠대

067 우리 수영하러 갑시다.

Let's go for a swim.

ရေသွားကူးရအောင်။

예똬꾸야아웅

068 그렇다면 저는 수영복을 사야만 해요.

Then, I must buy a bathing suit.

ဒါဆိုရင် ကျွန်တော် ရေကူးဝတ်စုံကို ဝယ်ရမယ်။

다소잉 짜노 예꾸우엇쏘웅고 왜야매

069 그리고 아름다운 해변에서 산보도 하고 싶어요.

And I would like to walk along the beautiful beach also.

နောက်ပြီးတော့ လှတဲ့ပင်လယ်ကမ်းခြေမှာ လမ်းလဲလျှောက်ချင်ပါတယ်။

나욱삐도 흘라대 삥래깡제흐마 랑래 샤욱 칭 바대

070 여기에 데리고 와 주셔서 고맙습니다.

Thank you for bringing me here.

ဒီကို ခေါ်လာတာ ကျေးဇူးတင်ပါတယ်။

디고 코라다 쩨주띵바대

05 식사

식사

001 지금 배가 고파요.

I'm hungry now.

အခု ထမင်းဆာနေပြီ။

아쿠 타밍사네비

002 지금 목이 말라요.

I'm thirsty now.

အခု ရေငတ်နေတယ်။

아쿠 예응앗네대

003 한국 음식을 먹고 싶어요.

I want to eat Korean food.

ကိုရီးယားအစားအစာ စားချင်ပါတယ်။

꼬리야 아싸아싸 싸징바대

004 유럽 음식을 먹고 싶어요.

I want to eat European food.

ဥရောပအစားအစာ စားချင်ပါတယ်။

우요빠 아싸아싸 싸징바대

005 중국 음식을 먹고 싶어요.

I want to eat Chinese food

တရုတ်အစားအစာ စားချင်ပါတယ်။

따요웃 아싸아싸 싸징바대

006 일본 음식을 먹고 싶어요.

I want to eat Japanese food.

ဂျပန်အစားအစာ စားချင်ပါတယ်။

자빵 아싸아싸 싸징바대

007 태국 음식을 먹고 싶어요.

I want to eat Thai food.

ထိုင်းအစားအစာ စားချင်ပါတယ်။

타잉 아싸아싸 싸징바대

008 미얀마 음식을 먹고 싶어요.

I want to eat Myanmar food.

မြန်မာအစားအစာ စားချင်ပါတယ်။

미얀마 아싸아싸 싸징바대

009 값도 별로 비싸지 않고, 음식도 좋은 식당을 가르쳐 주세요.

Can you recommend a good restaurant not too expensive?

ဈေးလဲ သိပ်မကြီး၊ အစားအသောက်လဲ ကောင်းတဲ့ထမင်းဆိုင် ညွှန်ပါဦး။

제래 떼입마찌 아싸아따웃래 까웅대타밍자잉 흐늉바오웅

010

중국 식당으로 가겠습니다.

Take me to a restaurant serving Chinese food.

တရုတ်စားသောက်ဆိုင်ကို သွားမယ်။

+ / + _ _ / _

따요웃 싸따욱사잉고 똬매

011

영어로 된 메뉴 있어요?

Do you have a menu in English?

ဟင်းအမည်စာရင်း အင်္ဂလိပ်လို ရှိသလား။

/ _ / / + _ \ /

힝아매싸잉 잉가레입로 시달라

012

오늘 특별 요리는 뭐예요?

What is today's special dish?

ဒီနေ့ အထူးဟင်းက ဘာလဲ။

_ \ / / \ _ /

디네 아투힝가 바래

013

별실이 있나요?

Do you have a private dining room?

သီးသန့်ခန်း ရှိသလား။

/ \ / \ /

띠당강 시달라

014

6인용 식탁을 원해요.

I want a table to seat six persons.

ခြောက်ယောက်စာစားပွဲ လိုချင်ပါတယ်။

+ + _ / _ _ _ _

차욱야욱싸 자봬 로징바대

015 3인용 식탁을 주세요.

A table for three, please.

သုံးယောက်စာစားပွဲ ပေးပါ။

또웅야욱싸자봬 뻬바

016 저 식탁이라면 충분해요.

That table will be fine.

ဟိုစားပွဲဆိုရင် အတော်ပဲ။

호자봬소잉 아또배

017 무엇을 주문해야 할 지 모르겠어요.

I don't know what to order.

ဘာမှာရမလဲ မသိဘူး။

바흐마야말래 마띠부

018 무엇을 주문하면 좋아요?

What would you suggest?

ဘာမှာရင် ကောင်းမလဲ။

바흐마잉 까웅말래

019 짠 요리는 좋아하지 않아요.

I don't like a salty dish.

ငန်တဲ့ဟင်းကိုတော့ မကြိုက်ဘူး။

응앙 대 힝고도 마짜익푸

020 단 요리는 좋아하지 않아요.

I don't like a sweet dish.

ချိုတဲ့ဟင်းကိုတော့ မကြိုက်ဘူး။

초 대 힝고도 마짜익푸

021 매운 요리는 좋아하지 않아요.

I don't like a hot dish.

စပ်တဲ့ဟင်းကိုတော့ မကြိုက်ဘူး။

쌉 때 힝고도 마짜익푸

022 요리를 시게 하지 마세요.

The dish must not be sour.

ဟင်း မချဉ်စေနဲ့။

힝 마칭제내

023 볶음밥과 돼지고기 탕수육 주문합니다.

I'll order fried rice and sweet and sour pork.

ထမင်းကြော်နဲ့ ဝက်ချိုချဉ် မှာမယ်။

타밍조 내 왝초칭 흐마매

024 게 샐러드와 토마토 스프도 주문할게요.

I'll order crab salad and tomato soup also.

ကဏန်းသုပ်နဲ့ ခရမ်းချဉ်သီးဟင်းချိုကိုလဲ မှာမယ်။

가낭도웁 내 카양징디 힝조고래 흐마매

식사

025 맥주 두 병 가져오세요.

Please bring me two bottles of beer.

ဘီယာနှစ်ပုလင်း ယူလာပါ။

비야 흐나빨링 유라바

026 주문한 것 바꾸고 싶어요.

I'd like to change my order.

မှာထားတာ ပြောင်းချင်တယ်။

흐마타다 빠웅징대

027 닭고기 튀김을 가장 좋아해요.

Fried chicken is my favorite.

ကြက်သားကြော် အကြိုက်ဆုံးပဲ။

짹따조 아짜익소웅배

028 흰밥 주세요.

Bring me a plate of plain rice.

ထမင်းဖြူတစ်ပွဲ ပေးပါ။

타밍뷰 다뽸 뻬바

029 스푼과 포크가 깨끗하지 않아요.

The spoon and fork are not clean.

ဇွန်းနဲ့ ခက်ရင်း မသန့်ဘူး။

중 내 카잉 마땅부

030 다른 스푼과 포크 주세요.

Bring me another spoon and fork.

တခြားဇွန်းနဲ့ ခက်ရင်း ပေးပါ။

따차 중 내 카잉 뻬바

031 소금과 후추 주세요.

Bring me salt and pepper.

ဆားနဲ့ ငရုတ်ကောင်း ပေးပါ။

사 내 응아요웃까웅 뻬바

032 뜨거운 밀크 커피 주세요.

Bring me a cup of hot coffee with milk.

နို့နဲ့ကော်ဖီပူပူ ပေးပါ။

노내 꼬피뿌부 뻬바

033 이 커피 맛없어요.

This cup of coffee is tasteless.

ဒီကော်ဖီ အရသာမရှိဘူး။

디꼬피 아야다 마시부

034 새 것으로 바꾸어 주세요.

Please bring me a new one.

အသစ် လဲပေးပါ။

아띳 래 뻬 바

035 이것 주문하지 않았어요.

I did not order this.

ဒါ မှာမထားဘူး။

다 흐마마타부

036 주문한 대로가 아니예요.

That's not what I ordered.

မှာထားတဲ့အတိုင်း မဟုတ်ဘူး။

흐마타대아따잉 마호웃푸

037 이것은 내 게 아니예요.

This is not mine.

ဒါ ကိုယ့်ဟာ မဟုတ်ဘူး။

다 꼬하 마호웃푸

038 마시는 찬 물 한 컵 주세요.

Give me a glass of cold drinking water.

သောက်ရေအေးတစ်ခွက် ပေးပါ။

따웃 예 에 따크왝 뻬 바

039 이 쇠고기 질겨요.

This beef is tough.

ဒီအမဲသား မာပါတယ်။

디아매다 마 바대

040 이 고기 부드러워요.

This meat is tender.

ဒီအသား နူးပါတယ်။

디아따 누바대

041 맛이 아주 좋아요.

It's a very good taste.

စားလို့ သိပ် ကောင်းပါတယ်။

싸로 떼입 까웅바대

042 아주 맛있어요.

It's very delicious.

အင်မတန် အရသာရှိပါတယ်။

잉마땅 아야다 시바대

043 이 생선 신선하지 않아요.

This fish is not fresh.

ဒီငါး မလတ်ဘူး။

디응아 마랏푸

044 밥이 설익었어요.

The rice is not cooked.

ထမင်း မနပ်ဘူး။

타밍 마납푸

045

빵과 계란 후라이 주세요.

Please bring me bread and fried egg.

ပေါင်မုန့်နဲ့ ကြက်ဥကြော် ယူခဲ့ပါ။

빠웅모웅 내 쨱우조 유개바

046

모두 얼마예요?

What is the total amount?

အားလုံး ဘယ်လောက် ကျသလဲ။

아로웅 배라욱 짜달래

047

합계가 틀려요.

The total is wrong.

အားလုံးပေါင်းထားတာ မှားနေတယ်။

아로웅 빠웅타다 흐마네대

048

봉사료가 포함되어 있습니까?

Is service included?

ဝန်ဆောင်ခ ပါသလား။

웡자웅가 빠달라

049

영수증 주세요.

May I have a receipt, please.

ပြေစာ ပေးပါ။

삐예자 뻬바

050 다음에 또 오겠습니다.

I'll come again some time.

နောက်တစ်ခါ လာခဲ့ဦးမယ်။

나욱따카 라개오웅매

06 쇼핑

쇼핑

001 무엇을 사고 싶으세요?

What do you want to buy?

ဘာ ဝယ်ချင်ပါသလဲ။

바 왜징바달래

002 시장은 어디에 있어요?

Where is the market?

ဈေး ဘယ်မှာ ရှိပါသလဲ။

제 배흐마 시바달래

003 아주 가까워요.

It's very near.

သိပ် နီးပါတယ်။

떼입 니바대

004 백화점은 어디에 있어요?

Where is the department store?

ကုန်တိုက် ဘယ်မှာ ရှိပါသလဲ။

꼬웅다익 배흐마 시바달래

005 시내에 가야 해요.

You must go downtown.

မြို့ထဲကို သွားရပါတယ်။

묘대고 똬야바대

006 사과를 조금 사고 싶어요.

I want to buy some apples.

ပန်းသီး နည်းနည်း ဝယ်ချင်ပါတယ်။

빵디 내내 왜징바대

007 열매가 크고 단 것 없어요?

Have you any big and sweet ones?

အလုံးကြီးကြီးချိုချို မရှိဘူးလား။

알로웅 찌지초조 마시부라

008 이것들은 너무 작아요.

These are too small.

ဒါတွေ သေးလွန်းတယ်။

다뒈 떼 롱 대

009 이것보다 더 큰 것을 원해요.

I want bigger ones than these.

ဒီထက် ကြီးတာကို လိုချင်တယ်။

디댁 찌다고 로징대

010 바나나 두 다발 사고 싶어요.

I want to buy two bunches of bananas.

ငှက်ပျောသီးနှစ်ဖီး ဝယ်ချင်ပါတယ်။

응아뾰디 흐나피 왜징바대

011 이것들은 익지 않았어요.

These are not ripe.

ဒါတွေ မမှည့်ဘူး။

다뒈 마흐매부

012 익은 것 없어요?

Do you have some ripe ones?

အမှည့် မရှိဘူးလား။

아흐매 마시부라

013 한 다발에 얼마예요?

How much for a bunch?

တစ်ဖီး ဘယ်လောက်လဲ။

따피 배라욱래

014 감자 팔아요?

Do you sell potatoes?

အာလူး ရောင်းသလား။

아루 야웅달라

015 감자 팔지 않아요.

I don't sell potatoes.

အာလူး မရောင်းဘူး။

아루 마야웅부

016 이 오렌지 단 거예요? 신 거예요?

Are these oranges sweet or sour?

ဒီလိမ္မော်သီးတွေ အချိုလား၊ အချဉ်လား။

디레잉모디뒈 아초라 아칭라

017 더 단 것 골라 주세요.

Pick sweeter ones for me.

ပို ချိုတာ ရွေးပေးပါ။

뽀 초다 유에뻬바

018 이 달걀들 신선해요?

Are these eggs fresh?

ဒီကြက်ဥတွေ လတ်ရဲ့လား။

디짹우뒈 랏얘라

019 아주 신선해요.

These are very fresh.

အလွန် လတ်ပါတယ်။

알룽 랏빠대

020 이것들을 싸 주세요.

Please wrap these up.

ဒါတွေ ထုပ်ပေးပါလား။

다뒈 토웁 뻬바라

021 이 바구니 안에 넣어 주세요.

Put them in this basket, please.

ဒီတောင်းထဲမှာ ထည့်ပေးပါ။

디따웅대흐마 태뻬바

022 거스름돈은 가지세요.

Keep the change.

ပြန်အမ်းငွေ ယူလိုက်ပါ။

삐양앙응웨 유라익빠

023 지금 쇼핑하러 나가고 싶어요.

I would like to go shopping.

အခု ဈေးဝယ်ထွက်ချင်ပါတယ်။

아쿠 제왜 트왝칭바대

024 함께 가실까요?

Will you come with me?

အတူ လိုက်ခဲ့ပါလား။

아뚜 라익캐바라

025 책방은 어디에 있어요?

Where is the book store?

စာအုပ်ဆိုင် ဘယ်မှာ ရှိသလဲ။

싸오웁사잉 배흐마 시달래

026 보석방은 어디에 있어요?

Where is the jeweller's shop?

ရတနာဆိုင် ဘယ်မှာ ရှိသလဲ။

야다나사잉 배흐마 시달래?

027 약방은 어디예요?

Where is the drug store?

ဆေးဆိုင် ဘယ်မှာလဲ။

세자잉 배흐마래

028 문방구점은 어디예요?

Where is the stationery store?

စာရေးကိရိယာဆိုင် ဘယ်မှာလဲ။

싸예까리야자잉 배흐마래

029 잡화상은 어디에 있어요?

Where is the general goods store?

ကုန်စုံဆိုင် ဘယ်မှာ ရှိသလဲ။

꼬웅조웅사잉 배흐마 시달래

030 식료품 가게는 어디예요?

Where is the grocery store?

ကုန်ခြောက်ဆိုင် ဘယ်မှာလဲ။

꼬웅자욱사잉 배흐마래

031 레코드 가게는 어디예요?

Where is the record shop?

တေးသံသွင်းဆိုင် ဘယ်မှာလဲ။

떼당드윙사잉 배흐마래

032 시계점은 어디에 있어요?

Where is the watch shop?

နာရီဆိုင် ဘယ်မှာ ရှိသလဲ။

나이사잉 배흐마 시달래

033 수퍼 마켓은 어디예요?

Where is the super market?

စားသောက်ကုန်တိုက် ဘယ်မှာလဲ။

싸따욱꼬웅다익 배흐마래

034 화장품 가게는 어디예요?

Where is the cosmetic shop?

အလှပြင်ပစ္စည်းဆိုင် ဘယ်မှာလဲ။

아흘라삥삣씨자잉 배흐마래

035 안내 책자들은 어디에서 살 수 있어요?

Where can I buy guide books?

လမ်းညွှန်စာအုပ်တွေ ဘယ်မှာ ဝယ်နိုင်မလဲ။

랑흐늉싸오웁뛔 배흐마 왜나잉말래

036 바늘과 실은 어디에서 살 수 있습니까?

Where can I buy needles and thread?

အပ်နဲ့ အပ်ချည် ဘယ်မှာ ဝယ်နိုင်မလဲ။

압 내 압치 배흐마 왜나잉말래

037 외국 담배와 성냥은 어디에서 살 수 있어요?

Where can I buy foreign cigarettes and matches?

နိုင်ငံခြားစီးကရက်နဲ့ မီးခြစ် ဘယ်မှာ ဝယ်နိုင်မလဲ။

나잉강자씨가랙 내 미짓 배흐마 왜나잉말래

038 이와 같은 종류의 물건을 갖추고 있습니까?

Do you have this kind of goods?

ဒီလိုကုန်မျိုး တင်သလား။

디로꼬웅묘 띵달라

039 이와 같은 것을 원해요.

I want something like this.

ဒါမျိုး လိုချင်ပါတယ်။

다묘 로징바대

040 이와 같은 것 노란색 있어요?

Do you have something like this in yellow color?

ဒါမျိုးအဝါရောင် ရှိသလား။

다묘 아와야웅 시달라

041 이와 같은 것 파란색 있어요?

Do you have something like this in blue color?

ဒါမျိုးအပြာရောင် ရှိသလား။

다묘 아뺘야웅 시달라

042 이와 같은 것 빨간색 있어요?

Do you have something like this in red color?

ဒါမျိုးအနီရောင် ရှိသလား။

다묘 아니야웅 시달라

043 이와 같은 것 녹색 있어요?

Do you have something like this in green color?

ဒါမျိုးအစိမ်းရောင် ရှိသလား။

다묘 아쎄잉야웅 시달라

044 이와 같은 것 흰색 있어요?

Do you have something like this in white color?

ဒါမျိုးအဖြူရောင် ရှိသလား။

다묘 아퓨야웅 시달라

045 이와 같은 것 분홍색 있어요?

Do you have something like this in pink color?

ဒါမျိုးပန်းရောင် ရှိသလား။

다묘 빵야웅 시달라

046 이와 같은 것 회색 있어요?

Do you have something like this in grey color?

ဒါမျိုးမီးခိုးရောင် ရှိသလား။

다묘 미고야웅 시달라

047 이와 같은 것 검은색 있어요?

Do you have something like this in black color?

ဒါမျိုးအနက်ရောင် ရှိသလား။

다묘 아낵야웅 시달라

048 이와 같은 것 갈색 있어요?

Do you have something like this in brown color?

ဒါမျိုးအညိုရောင် ရှိသလား။

다묘 아뇨야웅 시달라

049 다른 종류의 색을 원합니다.

I want some other color.

တခြားအရောင်မျိုး လိုချင်တယ်။

따차 아야웅 묘 로징대

050 색깔이 더 진한 것을 원해요.

I prefer a darker color.

အရောင် ပို ရင့်တာ လိုချင်ပါတယ်။

아야웅 뽀 잉다 로징바대

051 색깔이 더 옅은 것을 원해요. (1)

I prefer a lighter color.

အရောင် ပို ဖျော့တာ လိုချင်ပါတယ်။

아야웅 뽀 표다 로징바대

052 색깔이 더 옅은 것을 원해요. (2)

I prefer a lighter color.

အရောင် ပို နုတာ လိုချင်ပါတယ်။

아야웅 뽀 누다 로징바대

053 이것보다 좋은 것 없어요?

Have you a better one than this?

ဒီထက် ကောင်းတာ မရှိဘူးလား။

디댁 까웅 다 마시부라

054 이것보다 값이 싼 것 없어요? (1)

Have you a cheaper one than this?

ဒီထက် ဈေးသက်သာတာ မရှိဘူးလား။

디댁 제 땍따 다 마시부라

쇼핑

055 이것보다 값이 싼 것 없어요? (2)

Have you a cheaper one than this?

ဒီထက် ဈေးပေါတာ မရှိဘူးလား။

디댁 제 뽀 다 마시부라

056 이것보다 값이 싼 것 없어요? (3)

Have you a cheaper one than this?

ဒီထက် ဈေးချိုတာ မရှိဘူးလား။

디댁 제 초 다 마시부라

057 열 개 사면 얼마에 팔아요?

How much if I buy ten?

ဆယ်ခုဝယ်ရင် ဘယ်ဈေးနဲ့ ရောင်းမလဲ။

새구왜잉 배제내 야웅말래

058 값이 굉장히 비싼 것 같군요.

I think it is very expensive.

ဈေး သိပ် ကြီးတယ်လို့ ထင်ပါတယ်။

제 떼입 찌대로 팅바대

059 값을 조금 깎을 수 없을까요?

Won't you reduce the price a little?

ဈေး နည်းနည်း မလျှော့နိုင်ဘူးလား။

제 내내 마쇼나잉부라

060 미안합니다. 우리는 정찰 가격으로만 팝니다.

I'm sorry. We sell at only fixed price.

ဝမ်းနည်းပါတယ်။ ကျွန်တော်တို့ ပုံသေဈေးနဲ့ပဲ ရောင်းပါတယ်။

웡내바대　짜노도　뽀웅데제내배　야웅바대

061 이것은 최저 가격이에요.

This is the rock-bottom price.

ဒါ အနိမ့်ဆုံးဈေးပဲ။

다 아네잉조웅제배

062 이 가격으로는 살 수 없어요.

I can't buy at this price.

ဒီဈေးနဲ့တော့ မဝယ်နိုင်ဘူး။

디제내도　마왜나잉부

063 깎아 주면 살게요.

If you make it cheaper, I'll buy it.

လျှော့ပေးရင်တော့ ဝယ်မယ်။

쇼 뻬 잉 도　왜 매

064 그 가격이라면 살게요.

I'll buy it at that price.

အဲဒီဈေးဆိုရင် ဝယ်မယ်။

애디제소잉　왜매

065 딸에게 줄 조그마한 선물 하나 사러 가고 싶어요.

I want to go to buy a small present for my daughter.

သမီးအတွက် လက်ဆောင်ကလေးတစ်ခု ဝယ်သွားချင်တယ်။

따미아뜨왝 랙사웅갈레 따쿠 왝똬징대

066 제 딸은 반지에 가장 관심이 있어요.

My daughter is most interested in a ring.

ကျွန်တော့်သမီး လက်စွပ်ကို စိတ်အဝင်စားဆုံးပါ။

짜노 따미 랙쏩꼬 쎄잇아윙자조웅바

067 좋은 루비 반지 있어요?

Do you have a really nice ring with ruby?

ပတ္တမြားနဲ့ လက်စွပ်ကောင်းကောင်း ရှိသလား။

바다먀내 랙쏩까웅가웅 시달라

068 좋은 비취 반지 있어요?

Do you have a really nice ring with jade?

ကျောက်စိမ်းနဲ့ လက်စွပ်ကောင်းကောင်း ရှိသလား။

짜욱쎄잉내 랙쏩까웅가웅 시달라

069 좋은 사파이어 반지 있어요?

Do you have a really nice ring with sapphire?

နီလာနဲ့ လက်စွပ်ကောင်းကောင်း ရှိသလား။

니라내 랙쏩까웅가웅 시달라

070 좋은 에메랄드 반지 있어요?

Do you have a really nice ring with emerald?

မြနဲ့ လက်စွပ်ကောင်းကောင်း ရှိသလား။

먀내 랙쑵까웅가웅 시달라

071 좋은 다이아몬드 반지 있어요?

Do you have a really nice ring with diamond?

စိန်နဲ့ လက်စွပ်ကောင်းကောင်း ရှိသလား။

쎄잉내 랙쑵까웅가웅 시달라

072 좋은 진주 반지 있어요?

Do you have a really nice ring with pearl?

ပုလဲနဲ့ လက်စွပ်ကောင်းကောင်း ရှိသလား။

빨래내 랙쑵까웅가웅 시달라

073 좋은 순금 반지 있어요?

Do you have a really nice ring with pure gold?

ရွှေအစစ်နဲ့ လက်စွပ်ကောင်းကောင်း ရှိသလား။

쉐아씻내 랙쑵까웅가웅 시달라

074 이 반지 매우 아름다워요.

This ring is very beautiful.

ဒီလက်စွပ် သိပ် လှပါတယ်။

디랙쑵 떼입 흘라바대

075 그러나 제 손가락에 조금 헐렁해요.

But I think it is slightly big for my finger.

ဒါပေမဲ့ ကျွန်မလက်နဲ့ နည်းနည်း ချောင်တယ်။

다베매 짜마랙내 내내 차웅대

076 저에게 맞게 조금 줄여 줄 수 있어요?

Can you make a bit smaller for me?

ကျွန်မအဖို့ နည်းနည်း ကျဉ်းပေးနိုင်မလား။

짜마아포 내내 찡뻬나잉말라

077 악어 가죽 핸드백 보여 주세요.

Could you show me a handbag made from crocodile skin?

မိကျောင်းသားရေ လက်ပွေ့အိတ် ပြပါ။

미자웅따예 랙쁘웨에잇 뺘바

078 가죽 지갑 보여 주세요.

Could you show me a leather purse?

သားရေ ပိုက်ဆံအိတ် ပြပါ။

따예 빠익상에잇 뺘바

079 가죽 벨트 보여 주세요.

Could you show me a leather belt?

သားရေ ခါးပတ် ပြပါ။

따예 가밧 뺘바

080 귀걸이 보고 싶어요.

I would like to see earrings.

နားကပ် ကြည့်ချင်ပါတယ်။

나갑 찌징바대

081 목걸이도 보고 싶어요.

I would like to see necklaces also.

လည်ဆွဲကိုလဲ ကြည့်ချင်ပါတယ်။

래좌고래 찌징바대

082 이것을 3만 짭에 팔면 살 거예요.

I'll buy this if you will sell this for 30,000 kyat.

ဒါကို ငွေသုံးသောင်းနဲ့ ရောင်းရင် ဝယ်မယ်။

다고 응웨또웅다웅내 야웅잉 왜매

083 오늘 이 정도라면 충분해요.

I think that is enough today.

ကနေ့ ဒီလောက်ဆို တော်လောက်ပြီ။

가네 디라욱소 또라욱삐

084 모두 특별히 조심해서 싸 주세요.

Please have everything packed very carefully.

အားလုံးကို အထူး ဂရုတစိုက် ထုပ်ပေးပါ။

아로웅고 아투 가유다자익 토웁뻬바

085
상자들 위에 이 표시 해 주세요.

Put this mark on the boxes.

သေတ္တာတွေပေါ်မှာ ဒီအမှတ်အသား ရေးပေးပါ။

띳따뒈보흐마 디아흐맛아따 예뻬바

086
이것들을 호텔에 운반해 주세요.

Send these things to the hotel.

ဒါတွေ ဟိုတယ်ကို ပို့ပေးပါ။

다뒈 호때고 뽀뻬바

087
한국에 있는 저희 집까지 멀리 가야만 하는 거예요.

They must be going a long way to my home in Korea.

ကိုရီးယားက အိမ်အထိ အဝေးကြီး သွားရမှာပါ။

꼬리야가 에잉아티 아웨지 똬야흐마바

088
내일은 서점에서 책들을 살 거예요.

I'll buy books at the book shop tomorrow.

မနက်ဖန်ကျရင် စာအုပ်ဆိုင်မှာ စာအုပ်တွေ ဝယ်ပါ့မယ်။

마냭팡짜잉 싸오웁사잉흐마 싸오웁뒈 왜바매

089
그리고 문방구점에서 문구들도 살 거예요.

And I'll buy stationery at the stationer's store also.

ပြီးတော့ စာရေးကိရိယာဆိုင်မှာ စာရေးကိရိယာတွေကိုလဲ ဝယ်ပါ့မယ်။

삐도 싸예까리야자잉흐마 싸예까리야뒈고래 왜바매

090 오늘 피곤해요.

I'm tired today.

ဒီကနေ့ မောသွားပြီ။

디가네 모따비

091 영어-미얀마어 사전 사고 싶어요.

I want to buy an English-Myanmar dictionary.

အင်္ဂလိပ်-မြန်မာ အဘိဓာန် ဝယ်ချင်တယ်။

잉가레잇 미얀마 아비당 왜징대

092 큰 봉투와 작은 봉투 사고 싶어요.

I want to buy large envelopes and small envelopes.

စာအိတ်အကြီးနဲ့ စာအိတ်အသေး ဝယ်ချင်တယ်။

싸에잇아찌 내 싸에잇아떼 왜징대

093 화장실 휴지 사고 싶어요.

I want to buy toilet paper.

အိမ်သာသုံးစက္ကူ ဝယ်ချင်တယ်။

에잉다또웅쌕꾸 왜징대

094 그림 엽서 사고 싶어요.

I want to buy postcards.

ပို့စကတ် ဝယ်ချင်တယ်။

뽀싸깟 왜징대

쇼핑

095 칫솔과 치약 사고 싶어요.

I want to buy a tooth brush and tooth paste.

သွားပွတ်တံနဲ့ သွားတိုက်ဆေး ဝယ်ချင်တယ်။

다붓땅 내 따다익세 왜징대

096 머리 염색약 사고 싶어요.

I want to buy hair dye.

ဆံပင်ဆိုးဆေး ဝယ်ချင်တယ်။

자빙소제 왜징대

097 좋은 향수 사고 싶어요.

I want to buy a good perfume.

ရေမွှေးကောင်းကောင်း ဝယ်ချင်တယ်။

예흐뭬 까웅가웅 왜징대

098 정장 한 벌 맞추고 싶어요.

I want to have a new suit made.

ဝတ်စုံတစ်စုံ ချုပ်ချင်တယ်။

우엇쏘웅다조웅 초웁칭대

099 천 견본 좀 보여 주세요.

Show me some samples of cloth, please.

အစနမူနာ တစ်ဆိတ်လောက် ပြပါ။

아싸나무나 따세잇라욱 빠바

100
이 천들은 너무 두꺼워요.

These clothes are too thick.

ဒီအစတွေ ထူလွန်းပါတယ်။

디아싸뒈 투 룽바대

101
이보다 얇은 종류의 것을 원해요.

I want something thinner.

ဒီထက် ပါးတာမျိုး လိုချင်တယ်။

디댁 빠다묘 로징대

102
만찬 리셉션용 정장 한 벌 원해요.

I want a suit for evening reception.

ညဧည့်ခံပွဲအတွက် ဝတ်စုံတစ်စုံ လိုချင်တယ်။

냐애캉봬 아뜨왝 우엇쏘웅다조웅 로징대

103
이 디자인 마음에 들어요.

I like this design.

ဒီအဆင် ကြိုက်ပါတယ်။

디아싱 짜익빠대

104
하지만 이 디자인은 별로 마음에 들지 않아요.

But I don't like this design.

ဒါပေမဲ့ ဒီအဆင် သိပ် မကြိုက်ပါဘူး။

다베매 디아싱 떼입 마짜익빠부

105 특히 이 진한 회색 위의 줄무늬가 아주 마음에 들어요.

Especially I like this dark grey with stripes very much.

အထူးသဖြင့် ဒီမီးခိုးရင့်ရောင်ပေါ် အစင်း အလွန် ကြိုက်ပါတယ်။

아투따핑 디미고잉야웅보 아씽 알룽 짜익빠대

106 특히 이 하늘색 위의 줄무늬가 아주 마음에 들어요.

Especially I like this sky blue with stripes very much.

အထူးသဖြင့် ဒီမိုးပြာရောင်ပေါ် အစင်း အလွန် ကြိုက်ပါတယ်။

아투따핑 디모뱌야웅보 아씽 알룽 짜익빠대

107 제 신체 치수 재 주세요.

Take my measurements.

ကျွန်တော့်ကိုယ်တိုင်း ယူပါ။

짜노 꼬다잉 유바

108 허리가 째지 않게 해 주세요.

Do not make the waist tight.

ခါး မကျပ်ပါစေနဲ့။

카 마짭빠제내

109 소매를 조금 길게 해 주세요.

Make the sleeves a little long.

လက်ကို နည်းနည်း ရှည်ပေးပါ။

랙꼬 내내 셰뻬바

110 반 인치 정도 길어지면 적당해요.

About half an inch longer will be enough.

လက်မဝက်လောက် ရှည်ပေးရင် အတော်ပါပဲ။

랙마왝라웃 셰뻬잉 아또바배

111 바지는요?

How about your trousers?

ဘောင်းဘီအတွက်ကော။

바웅비 아뜨왝 꼬

112 너무 길어도 너무 짧아도 싫어요.

I don't want them too long nor short.

ရှည်လွန်းတာ တိုလွန်းတာ မကြိုက်ဘူး။

셰룽다 또룽다 마짜익푸

113 언제 끝납니까?

How long will you take to finish it?

ဘယ်တော့ ပြီးမလဲ။

배도 삐말래

114 가봉하러 언제 올까요?

When shall I come for a fitting?

စမ်းဝတ်ဖို့ ဘယ်တော့ လာရမလဲ။

쌍우엇포 배도 라야말래

115 4일 또는 5일 정도 걸릴 거예요.

It will take about four days or five days.

လေးရက် သို့မဟုတ် ငါးရက်လောက် ကြာပါလိမ့်မယ်။

레얘액 도마호웃 응아얘액 라욱 짜바레잉매

116 기성복 한 벌 사고 싶어요.

I want to buy a ready-made suit.

ချုပ်ပြီးသားဝတ်စုံတစ်စုံ ဝယ်ချင်ပါတယ်။

초웁삐다우엇쏘웅다조웅 왜징바대

117 진열해 놓은 것 볼 수 있을까요?

Can you show me the one in the window?

ပြထားတဲ့ဟာ ကြည့်လို့ ရမလား။

빠타대하 찌로 야말라

118 이 코트 마음에 들어요.

I like this coat.

ဒီကုတ် သဘောကျပါတယ်။

디꼬웃 다보짜바대

119 입어볼 수 있을까요?

May I try it on?

ဝတ်ကြည့်ရမလား။

우엇 찌 야말라

120 딱 맞아요.

It fits very well.

အနေတော်ပဲ။

아네도배

121 이 정장은 저에게 아주 어울려요.

This suit looks very good on me.

ဒီဝတ်စုံဟာ ကျွန်တော်နဲ့ သိပ် လိုက်ပါတယ်။

디우엇쏘웅하 짜노내 떼입 라익빠대

122 하지만 이 정장은 저에게 어울리지 않아요.

But this suit doesn't look good on me.

ဒါပေမဲ့ ဒီဝတ်စုံက ကျွန်တော်နဲ့ မလိုက်ဘူး။

다베매 디우엇쏘웅가 짜노내 말라익푸

123 어깨가 너무 넓어요.

The shoulders are too wide.

ပခုံး ကျယ်လွန်းတယ်။

빠코웅 째룽대

124 이것은 입기에 불편해요.

It doesn't hang well.

ဒီဟာ ဝတ်လို့ မကောင်းဘူး။

디하 우엇로 마까웅부

125 수선할 곳은 모두 고쳐 주세요.

Please make all these alterations.

ပြင်စရာရှိတာ အားလုံး ပြင်ပေးပါ။

삥자야시다 아로웅 삥뻬바

126 알맞은 기성화 있어요?

Do you have any ready-made shoes to fit me?

တော်မယ့် ချုပ်ပြီးရှူးဖိနပ် ရှိသလား။

또매 초웁삐슈파납 시달라

127 어떤 종류의 구두를 원하세요?

What kind of shoes do you prefer?

ဘယ်လိုဖိနပ်မျိုး လိုချင်ပါသလဲ။

배로파납묘 로징바달래

128 갈색 가죽 구두 원해요.

I want to have a pair of brown leather shoes.

သားရေအညိုရောင်ဖိနပ်တစ်ရန် လိုချင်ပါတယ်။

따예 아뇨야웅파납 따양 로징바대

129 흑색 가죽 구두 원해요.

I like to have a pair of black leather shoes.

သားရေအနက်ရောင်ဖိနပ်တစ်ရန် လိုချင်ပါတယ်။

따예 아낵야웅 파납 따양 로징바대

130 이것은 폭이 너무 좁아 신을 신을 수가 없어요.

I cannot put on these shoes because they are too narrow.

ဒီဟာ ဗြက်ကျဉ်းလွန်းလို့ စီးလို့ မရဘူး။

디하 비액 찡 룽 로 씨로 마야부

131 발가락이 아파요.

They hurt my toes.

ခြေထိပ် နာတယ်။

치데입 나대

132 발뒤꿈치가 아파요.

They hurt my heels.

ခြေဖနောင့် နာတယ်။

치바나웅 나대

133 또 다른 것 보여 주세요.

Show me another pair, please.

နောက်ထပ်တစ်ရန် ပြပါလား။

나욱탑따양 빠바라

134 특별히 주문하고 싶은 것 있으세요?

Have you any special wishes as to how the shoes are to be made?

အထူး မှာချင်တာများ ရှိပါသလား။

아투 흐마징다먀 시바달라

135 다음 주 될 수 있으면 좋겠어요.

I would be glad if you could finish them next week.

နောက်အပတ် ရနိုင်ရင် ကောင်းမယ်။

나욱아빳 야나잉잉 까웅매

Memo

07 미용 및 레저

미용 및 레저

001 머리 깎아 주세요.

Please give me a haircut.

ဆံပင်ညှပ်ပေးပါ။

자빙 흐냐압 뻬바

002 짧게 깎아 주세요.

Please cut it short.

တိုတို ညှပ်ပေးပါ။

또도 흐냐압 뻬바

003 길게 깎아 주세요.

Please cut it long.

ရှည်ရှည် ညှပ်ပေးပါ။

셰셰 흐냐압 뻬바

004 옆을 더 깎아 주세요.

Cut a little more off the sides.

ဘေးဘက် ထပ်ညှပ်ပေးပါ။

베백 탑흐냐압 뻬바

005 뒤를 더 깎아 주세요.

Cut a little more off the back.

နောက်ဖက် ထပ်ညှပ်ပေးပါ။

나욱팩 탑흐냐압 뻬바

006 위를 더 깎아 주세요.

Cut a little more off the top.

အပေါ် ထပ်ညှပ်ပေးပါ။

아뽀 탑흐냐압 뻬바

007 앞에는 길게 두세요.

Please leave it long in front.

ရှေ့မှာတော့ ရှည်ရှည် ထားပေးပါ။

셰흐마도 셰셰 타 뻬바

008 뒤쪽이 너무 짧아져 버렸어요.

You've already cut too much off the back.

နောက်ဖက် တိုလွန်းသွားပြီ။

나욱팩 또 룽 똬 비

009 아주 짧아서 머리를 빗을 수가 없어요.

Because you cut it so short, I can't comb it.

သိပ် တိုလိုက်တော့ ဆံပင်ဖြီးလို့ မရဘူး။

떼입 또라익또 자빙피로 마야부

010 머리 기름 칠하지 마세요.

I don't want any oil.

ခေါင်းလိမ်းဆီ မထည့်ပါနဲ့။

가웅레잉지 마태바내

011 얼굴 마사지 해 주세요.

I'd like to have a face massage.

မျက်နှာနှိပ်ပေးပါ။

미액흐나 흐네입뻬바

012 면도도 해 주세요.

Please give me a shave also.

မုတ်ဆိတ်လဲ ရိတ်ပေးပါ။

모웃세잇래 예잇뻬바

013 면도칼이 조금 무딘 것 같군요.

I think the razor is a little dull.

မုတ်ဆိတ်ရိတ်ဓားက နည်းနည်း တုံးတယ်လို့ ထင်ပါတယ်။

모웃세잇예잇다가 내내 또웅대로 팅바대

014 머리 감아 주세요.

I'd like to have a shampoo.

ခေါင်းလျှော်ပေးပါ။

가웅 쇼 뻬 바

015 머리를 모양내고 싶어요.
I'd like to have my hair done.
ဆံပင် ပုံသွင်းချင်တယ်။
자빙 뽀웅뜨윙징대

016 어떤 머리 스타일을 원하세요?
Which hair style do you prefer?
ဘယ်ဆံပင်ပုံမျိုး လိုချင်ပါသလဲ။
배자빙뽀웅묘 로징바달래

017 어떤 머리 스타일이 어울리는지 모르겠어요.
I don't know which style suits me.
ဘယ်ဆံပင်ပုံနဲ့ လိုက်မယ် မသိဘူး။
배자빙뽀웅내 라익매 마띠부

018 제 얼굴과 어울리는 머리 스타일을 골라 주세요.
Please select a style to suit my face.
ကျွန်မမျက်နှာနဲ့ လိုက်မယ့် ဆံပင်ပုံစံမျိုး ရွေးပေးပါ။
짜마미액흐나내 라익매 자빙뽀웅장묘 유에뻬바

019 현재 유행하고 있는 스타일로 머리를 파마하고 싶어요.
I want to have a permanent wave to be in fashion now.
အခု ခေတ်စားတဲ့ပုံနဲ့ ဆံပင်ကောက်ချင်ပါတယ်။
아쿠 킷싸대뽀웅내 자빙 까욱칭바대

020 머리가 너무 길어요.

Your hair is too long.

ဆံပင် ရှည်လွန်းတယ်။

자빙 세 룽 대

021 우선 머리를 잘라야 해요.

You must have your haircut first.

ပထမ ဆံပင်ညှပ်ရမယ်။

빠타마 자빙흐냐압야매

022 머리 염색하고 싶어요.

I want a dye.

ဆေးဆိုးချင်ပါတယ်။

세소 징 바 대

023 가발을 쓰고 싶어요.

I want to put a wig on for me.

ဆံပင်တု တပ်ချင်ပါတယ်။

자빙두 땁칭바대

024 손톱에 매니큐어 칠하고 싶어요.

I'd like to have a manicure.

လက်သည်းပြင်ချင်ပါတယ်။

랙때 삥징바대

025 신부 화장을 하고 싶어요.

I'd like to have bridal make up.

သတို့သမီးအလှပြင်ချင်ပါတယ်။

다도따미 아흘라삥징바대

026 실례지만 사진 좀 찍어도 괜찮아요?

Excuse me, may I take a picture of you?

တစ်ဆိတ်လောက် ဓာတ်ပုံရိုက်ခွင့်ပြုပါလား။

따세잇라욱 닷뽀웅야익크윙쀼바라

027 저기에 잠깐 서 있으세요.

Please stay there for a moment.

ဟိုမှာ တစ်အောင့်လောက် ရပ်နေပါ။

호흐마 따아웅라욱 얍네바

028 이쪽을 보세요.

Please look this way.

ဒီဘက်ကို ကြည့်ပါ။

디백꼬 찌바

029 카메라를 똑바로 봐 주세요.

Please look straight at the camera.

ကင်မရာကို တည့်တည့် ကြည့်ပေးပါ။

낑마라고 때대 찌뻬바

030 자! 환하게 웃으세요.

Now, a big smile.

ကဲ၊ အားရပါးရ ပြုံးပါ။

깨 아야빠야 뽕바

031 잠깐만요! 한 장 더 찍을게요.

Please wait, I'll take another picture.

ခဏလောက်၊ တစ်ပုံ ထပ်ရိုက်ဦးမယ်။

카나라욱 다보웅 탑야익오웅매

032 이 사진 보내 드릴게요.

I'll send you this picture.

ဒီဓာတ်ပုံ ပို့ပေးပါ့မယ်။

디닷뽀웅 뽀뻬바매

033 천연색 필름 좀 필요해요.

I need some colour film.

ရောင်စုံဖလင် နည်းနည်း လိုပါတယ်။

야웅조웅팔링 내내 로바대

034 필름 좀 넣어 주시겠어요?

Will you put in the film?

ဖလင် ထည့်ပေးပါလား။

팔링 태뻬바라

035 사진기에서 필름 좀 빼 주시겠어요?

Would you please take the film out of the camera for me?

ကင်မရာထဲက ဖလင်လိပ် ထုတ်ပေးပါလား။

_ _ / \ _ + + / _ /

낑마라대가 팔링레입 토웃뻬바라

Memo

08 생활

생활

001 저 여성분을 아세요?

Do you know that lady?

ဟိုအမျိုးသမီးကို သိပါသလား။

호아묘다미고 띠바달라

002 알고 말고요.

Of course, I know.

သိတာပေါ့။

띠다뽀

003 그녀에게 저를 소개해 주시겠어요?

Introduce me to her, please.

သူ့ကို ကျွန်တော်နဲ့ မိတ်ဆက်ပေးပါလား။

뚜고 짜노내 메잇색뻬바라

004 이 분은 제 친구 미스타 김입니다.

This is my friend, Mr. Kim.

ဒါ ကျွန်တော့်မိတ်ဆွေ မစ္စတာကင်မ်ပါ။

다 짜노메잇쉐 밋싸따 낌 바

005

이렇게 알게 되어 반갑습니다.

I'm glad to have made your acquaintance like this.

ဒီလို သိရတာ ဝမ်းသာပါတယ်။

디로 띠야다 웡따바대

006

당신에 관하여 먀떼잉 씨가 여러 번 말했기 때문에 알고 있어요.

I've heard U Mya Thein speak about you often.

ရှင့်အကြောင်း ဦးမြသိန်း ပြောပြောနေတာနဲ့ သိနေပါတယ်။

싱아짜웅 우먀떼잉 뾰뾰네다내 띠네바대

007

저는 미얀마어 발음이 별로 정확치 못해요.

I'm afraid my Myanmar pronunciation is very poor.

ကျွန်တော် မြန်မာလို သိပ်မပီဘူး။

짜노 미얀마로 떼입마삐부

008

미얀마어가 매우 마음에 들어요.

I like Myanmar language so much.

မြန်မာစကားကို သိပ် သဘောကျတာပဲ။

미얀마자가고 떼입 다보짜다배

009

하지만 미얀마어가 어려워요.

But Myanmar language is difficult to me.

ဒါပေမဲ့ မြန်မာစကားက ခက်ပါတယ်။

다베매 미얀마자가가 캐빠대

010

그런데 미얀마어를 어디에서 배웠어요?

By the way where did you learn to speak Myanmar?

စကားမစပ် မြန်မာစကား ဘယ်မှာ သင်ခဲ့တာလဲ။

자가마쌉 미얀마자가 배흐마 띵개다래

011

한국에 있는 제 미얀마 친구들에게서예요.

I picked it up from my Myanmar friends in Korea.

ကိုရီးယားက ကျွန်တော့်မြန်မာလူမျိုးမိတ်ဆွေတွေဆီကပါ။

꼬리야가 짜노 미얀마루묘 메잇쉐뒈시가바

012

미얀마어를 열심히 하면 잘하게 될 거예요.

You can't learn Myanmar language well unless you try to speak it.

မြန်မာစကား ကြိုးစားရင် တတ်မှာပါ။

미얀마자가 쪼자잉 땃흐마바

013

그렇고 말고요.

Certainly.

ဟုတ်တာပေါ့။

호웃따뽀

014

언제 여기 도착하셨어요?

When did you arrive here?

ဘယ်တုန်းက ဒီကို ရောက်ပါသလဲ။

배도웅가 디고 야욱빠달래

015 저는 어제 여기 도착했어요.

I arrived here yesterday.

ကျွန်တော် မနေ့က ဒီကို ရောက်ပါတယ်။

짜노 마네가 디고 야욱빠대

016 저는 그저께 여기 도착했어요.

I arrived here the day before yesterday.

ကျွန်တော် တစ်နေ့က ဒီကို ရောက်ပါတယ်။

짜노 따네가 디고 야욱빠대

017 저는 지난 월요일에 여기 도착했어요.

I arrived here last Monday.

ကျွန်တော် အရင်တနင်္လာနေ့က ဒီကို ရောက်ပါတယ်။

짜노 아잉 따닝라네가 디고 야욱빠대

018 저는 지난 화요일에 여기 도착했어요.

I arrived here last Tuesday.

ကျွန်တော် အရင်အင်္ဂါနေ့က ဒီကို ရောက်ပါတယ်။

짜노 아잉 잉가네가 디고 야욱빠대

019 저는 지난 수요일에 여기 도착했어요.

I arrived here last Wednesday.

ကျွန်တော် အရင်ဗုဒ္ဓဟူးနေ့က ဒီကို ရောက်ပါတယ်။

짜노 아잉 보웃다후네가 디고 야욱빠대

020 저는 지난 목요일에 여기 도착했어요.

I arrived here last Thursday.

ကျွန်တော် အရင်ကြာသပတေးနေ့က ဒီကို ရောက်ပါတယ်။

짜노 아잉 짜다바데네가 디고 야욱빠대

021 저는 지난 금요일에 여기 도착했어요.

I arrived here last Friday.

ကျွန်တော် အရင်သောကြာနေ့က ဒီကို ရောက်ပါတယ်။

짜노 아잉 따욱짜네가 디고 야욱빠대

022 지난 토요일과 일요일에는 즐거웠나요?

Did you have a nice time over the weekend?

ပြီးခဲ့တဲ့ စနေနေ့၊ တနင်္ဂနွေနေ့က ပျော်ရဲ့လား။

삐개대 싸네네 따닝가눼네가 뽜얘라

023 매우 즐거웠습니다.

I had a very nice time.

အင်မတန် ပျော်ပါတယ်။

잉마땅 뽜바대

024 꽤나 구석구석까지 쭉 둘러보았거든요.

I did a lot of sightseeing.

တော်တော် နှံ့အောင် လျှောက်ကြည့်ခဲ့ပါတယ်။

또도 흐낭아웅 샤욱찌개바대

025 수도인 양공은 매우 매력적인 곳이에요.

Yangon that is the capital of Myanmar is a very charming place.

မြို့တော်ဖြစ်တဲ့ရန်ကုန်ဟာ သိပ် ချစ်စရာကောင်းတဲ့နေရာပါ။

묘도핏때 양공하 떼입 칫싸야까웅대 네야바

026 미얀마 소녀들은 아름다워요.

Myanmar girls are beautiful.

မြန်မာမိန်းကလေးတွေဟာ လှတယ်။

미얀마 메잉갈레뒈하 흘라대

027 미얀마에 첫번째 오셨어요?

Is this your first visit to Myanmar?

မြန်မာပြည်ကို ပထမအခေါက် ရောက်ပါသလား။

미얀마삐고 빠타마아카욱 야욱빠달라

028 미얀마는 저에게 낯설지 않아요.

I am no stranger to Myanmar.

မြန်မာပြည်နဲ့ ကျွန်တော် မစိမ်းဘူး။

미얀마삐 내 짜노 마쎄잉부

029 이번이 두번째예요.

This is the second time.

ဒါ ဒုတိယအကြိမ်ပါ။

다 두띠야 아쩨잉바

030 이번이 세번째예요.

This is the third time.

ဒါ တတိယအကြိမ်ပါ။

다 땃띠야 아쩨잉바

031 이번이 네번째예요.

This is the fourth time.

ဒါ စတုတ္ထအကြိမ်ပါ။

다 자도웃타 아쩨잉바

032 이번이 다섯번째예요.

This is the fifth time.

ဒါ ငါးကြိမ်မြောက်ပါ။

다 응아제잉 먀욱빠

033 이번이 일곱번째예요.

This is the seventh time.

ဒါ ခုနစ်ကြိမ်မြောက်ပါ။

다 쿤흐나쩨잉 먀욱빠

034 이번이 열번째예요.

This is the tenth time.

ဒါ ဆယ်ကြိမ်မြောက်ပါ။

다 새제잉 먀욱빠

035
시간이 있어서 놀러오신 거예요?
Are you on holiday?
အားလို့ လာလည်တာလား။
아로 라래다라

036
네, 시간이 있어서 놀러온 거예요.
Yes, I'm on holiday.
ဟုတ်ကဲ့၊ အားလပ်လို့ အလည်လာတာပါပဲ။
호웃깨 아랍로 알래라다바배

037
아니예요, 일로 왔어요.
No, I'm here on business.
ဟင့်အင်း၊ အလုပ်ကိစ္စနဲ့ လာတာပါ။
힝잉 알로웁께잇싸 내 라다바

038
어떤 종류의 일이에요?
What kind of business?
ဘယ်လိုလုပ်ငန်းမျိုးလဲ။
배로 로웁응앙묘래

039
그것은 무역일이에요.
That is a trade business.
အဲဒါ အရောင်းအဝယ်လုပ်ငန်းပါ။
애다 아야웅아왜 로웁응앙바

040 기성복들을 무역하고 있어요.

I trade in ready-made garments.

ချုပ်ပြီးအထည်တွေကို ရောင်းဝယ်ပါတယ်။

초웁삐 아태 뒈 고 야웅왜바대

041 미얀마 제품들을 무역하고 있어요.

I trade in products made in Myanmar.

မြန်မာဖြစ်ပစ္စည်းတွေကို ရောင်းဝယ်ပါတယ်။

미얀마빗 삣씨뒈고 야웅왜바대

042 한국 잡지에 기사를 쓰기 위해서 온 신문 기자입니다.

I'm a journalist who is here on assignment to korea magazine.

ကိုရီးယားမဂ္ဂဇင်းမှာ ဆောင်းပါးရေးဖို့ လာတဲ့ သတင်းစာဆရာပါ။

꼬리야맥가징흐마 사웅바예보 라대 다딩자사야바

043 저는 관광객입니다.

I'm a tourist.

ကျွန်တော် ခရီးသည်ပါ။

짜노 카이대 바

044 미얀마에서는 즐겁나요?

Are you enjoying your stay in Myanmar?

မြန်မာပြည်မှာတော့ ပျော်ပါးရဲ့လား။

미얀마삐흐마도 뽀바얘라

045 미얀마 전통 무용을 아주 좋아해요.

I like Myanmar traditional dance very much.

မြန်မာ့ရိုးရာအကကို သိပ် သဘောကျပါတယ်။

미얀마 요야 아까고 떼입 다보짜바대

046 미얀마 음식도 마음에 들어요.

I like Myanmar food also.

မြန်မာ့အစားအစာကိုလဲ သဘောကျပါတယ်။

미얀마 아싸아싸고래 다보짜바대

047 미얀마 복싱을 보신 적이 있어요?

Have you seen Myanmar boxing?

မြန်မာ့လက်ဝှေ့ကို မြင်ဖူးသလား။

미얀마 랙흐웨고 밍부달라

048 네, 본 적이 있어요.

Yes, I have seen it.

ဟုတ်ကဲ့၊ မြင်ဖူးပါတယ်။

호웃깨 밍부바대

049 아주 재미있는 스포츠예요.

That is a very interesting sport.

အဲဒါ ကြည့်လို့ သိပ် ကောင်းတဲ့ အားကစားပါ။

애다 찌로 떼입 까웅대 아가자바

050 아니예요, 본 적이 없어요.

No, I have not seen it.

ဟင့်အင်း၊ မမြင်ဖူးပါဘူး။

힝잉 마밍부바부

051 서양 복싱과 달라요?

Is it different from western boxing?

အနောက်တိုင်းလက်ဝှေ့နဲ့ ကွာသလား။

아나욱따잉 랙흐웨 내 꽈달라

052 네, 달라요.

Yes, it is different.

ဟုတ်ကဲ့၊ ကွာပါတယ်။

호웃깨 꽈바대

053 미얀마 복싱은 팔꿈치, 무릎, 발을 사용해요.

Myanmar boxing uses elbows, knees, feet.

မြန်မာ့လက်ဝှေ့က တံတောင်၊ ဒူး၊ ခြေကို သုံးပါတယ်။

미얀마 랙흐웨가 다다웅 두 체고 또웅바대

054 언제 돌아가세요?

When are you planning to leave?

ဘယ်တော့ ပြန်ပါမလဲ။

배도 삐양바말래

생활

055 모레 돌아갈 거예요.

I plan to leave the day after tomorrow.

သန်ဘက်ခါ ပြန်ပါမယ်။

다백카 삐양바매

056 다음에 또 만나고 싶군요.

I hope I shall have the pleasure of meeting you again.

နောက်လဲ ထပ်တွေ့ချင်ပါတယ်။

나욱래 탑뛔징바대

057 당신의 성함과 주소를 영어로 적어 주시겠어요?

May I have your name and address in English?

ခင်ဗျာ့နာမည်နဲ့ လိပ်စာကို အင်္ဂလိပ်လို ရေးပေးပါလား။

카먀 나매 내 레입싸고 잉가레입로 예뻬바라

058 당신의 성함과 주소를 미얀마어로 적어 주시겠어요?

May I have your name and address in Myanmar?

ခင်ဗျာ့နာမည်နဲ့ လိပ်စာကို မြန်မာလို ရေးပေးပါလား။

카먀 나매 내 레입싸고 미얀마로 예뻬바라

059 편지 쓸게요.

I'll write a letter to you.

စာရေးပါ့မယ်။

싸예바매

060 편지 기다릴게요.

I'll wait for your letter.

စာကို စောင့်ပါ့မယ်။

싸고 싸웅바매

061 이 집 빌릴래요?

Is this house to be let?

ဒီအိမ် ငှားမှာလား။

디에잉 흥아 흐마라

062 집 주인이 누구예요?

Who is the landlord?

အိမ်ရှင် ဘယ်သူလဲ။

에잉싱 배두래

063 방이 몇 개 딸려 있어요?

How many rooms are there?

အခန်းဘယ်နှခန်း ပါသလဲ။

아캉 배흐나캉 빠달래

064 방들을 보고 싶어요.

I would like to see the rooms.

အခန်းတွေ ကြည့်ချင်ပါတယ်။

아캉 뒈 찌징바대

065 이게 현관이에요?

Is this the main entrance?

ဒါ ဝင်ပေါက်လား။

다 윙바욱라

066 이게 응접실이에요?

Is this the drawing room?

ဒါ ဧည့်ခန်းလား။

다 애강 라

067 이게 식당방이에요?

Is this the dining room?

ဒါ ထမင်းစားခန်းလား။

다 타빙싸강 라

068 이게 서재예요?

Is this the study room?

ဒါ စာဖတ်ခန်းလား။

다 싸팟캉 라

069 이게 욕실이에요?

Is this the bathroom?

ဒါ ရေချိုးခန်းလား။

다 예초강 라

070 이게 화장실이에요?

Is this the lavatory?

ဒါ အိမ်သာခန်းလား။

다 에잉다강 라

071 침실은 몇 개나 있어요?

How many bedrooms are there?

အိပ်ခန်း ဘယ်လောက် ရှိသလဲ။

에입캉 배라욱 시달래

072 침실은 2층에 세 개 있어요.

There are three bedrooms upstairs.

အပေါ်ထပ်မှာ အိပ်ခန်းသုံးခန်း ရှိပါတယ်။

아뽀답흐마 에입캉 또웅강 시바대

073 침실들을 보고 싶어요.

I would like to see the bedrooms.

အိပ်ခန်းတွေ ကြည့်ချင်ပါတယ်။

에입캉 뒈 찌징바대

074 자, 2층으로 올라갑시다.

Well, let's go upstairs.

ကိုင်း၊ အပေါ်ထပ်ကို တက်ကြရအောင်။

까잉 아뽀답꼬 땍짜야아웅

075 주차장이 딸려 있나요?

Does the house have a garage?

ကားရုံ ပါသလား။

까요웅 빠달라

076 집세는 얼마예요? (1)

How much is the rent?

အိမ်ငှားခ ဘယ်လောက်လဲ။

에잉흥아가 배라욱래

077 집세는 얼마예요? (2)

How much is the rent?

အိမ်လခ ဘယ်လောက်လဲ။

에잉라가 배라욱래

078 한 달에 600불이에요.

Six hundred dollars per month.

တစ်လကို ဒေါ်လာ ခြောက်ရာ။

딸라고 돌라 차욱야

079 이 집을 1년 빌리겠어요.

I will take this house on one-year's lease.

ဒီအိမ် တစ်နှစ် ငှားမယ်။

디에잉 따흐닛 흥아매

080 언제 이사 오면 좋을까요?

When do you want me to move in?

ဘယ်တော့ အိမ်ပြောင်းလာရမလဲ။

배도 에잉빠웅라 야말래

081 다음 달 1일부터 빌리기 시작하고 싶어요.

I want to take it from the first of next month.

ရှေ့လ တစ်ရက်နေ့က စငှားချင်ပါတယ်။

셰라 따얘액네가 싸흥아징바대

082 전기와 물 연결시켜 주세요.

Please put in the electric light and water for me.

လျှပ်စစ်မီးနဲ့ရေ သွယ်ပေးပါ။

흘랴압씻미 내 예 뙈 뻬 바

083 그리고 집 열쇠 세트 주시고요.

And let me have a full set of keys, please.

နောက်ပြီး အိမ်သော့တစ်စုံ ပေးပါ။

나욱삐 에잉또 다조웅 뻬바

084 계약은 내일 사인할게요.

I'll sign the formal contract tomorrow.

စာချုပ်ကို နက်ဖြန် လက်မှတ်ထိုးမယ်။

싸조웁꼬 낵피양 랙흐맛토매

085 가정부를 구하고 있어요.

I am hunting for a servant.

အိမ်ဖော် ရှာနေပါတယ်။

에잉보 샤네바대

086 좋은 가정부 있어요?

Is there a good servant?

အိမ်ဖော်ကောင်းကောင်း ရှိပါသလား။

에잉보 까웅가웅 시바달라

087 한국 음식 요리할 줄 알아요?

Do you know how to cook Korean food?

ကိုရီးယားစာ ချက်တတ်သလား။

꼬리야자 책 땃 딸라

088 아이를 돌볼 줄 알아요?

Do you know how to look after babies?

ကလေးထိန်းတတ်သလား။

칼레 테잉 닷 딸라

089 바느질과 다림질할 줄 알아요?

Do you know how to sew and iron?

ချုပ်လုပ် မီးပူတိုက်တတ်သလား။

초웁로웁 미부따익땃딸라

090 이전에 어디에서 일한 적이 있나요?

Where have you worked before?

အရင်က ဘယ်မှာ လုပ်ဖူးသလဲ။

아잉가 배흐마 로웁푸달래

091 추천서 보여 주세요.

Can you show me a letter of recommendation?

ထောက်ခံစာ ပြပါ။

타욱캉자 빠바

092 급료를 월급으로 받을래요? 주급으로 받을래요?

Do you prefer a monthly salary or weekly wages?

လစာကို လစဉ်ယူမလား၊ အပတ်စဉ်ယူမလား။

라자고 라징유말라 아빳씽 유말라

093 당신을 고용할게요.

I will employ you.

မင်းကို အလုပ်ခန့်လိုက်မယ်။

밍고 알로웁캉라익매

094 급료를 한 달에 2,000짭 줄게요.

Your salary will be two thousand kyats a month.

လခကို တစ်လကို ငွေနှစ်ထောင် ပေးမယ်။

라가고 딸라고 응웨흐나타웅 뻬매

095 3,000짭 줄 수 없어요?

Will you be kind enough to give me three thousand kyats?

ငွေသုံးထောင် မပေးနိုင်ဘူးလား။

응웨 또웅다웅 마뻬나잉부라

096 지금 당장은 결정할 수 없어요.

I can not decide now.

အခုလောလောဆယ်တော့ မဆုံးဖြတ်နိုင်ဘူး။

아쿠 로로재도 마소웅피얏나잉부

097 숙고해 볼게요.

Let me think it over.

စဉ်းစားဦးမယ်။

씽자오웅매

098 하지만 일은 잘해야만 해요.

But you must work well.

ဒါပေမဲ့ အလုပ်တော့ ကောင်းကောင်း လုပ်ရမယ်။

다베매 알로웁또 까웅가웅 로웁야매

099 내일부터 일하기 시작할 수 있어요?

Can you start work from tomorrow?

နက်ဖြန်က အလုပ်စဆင်းနိုင်မလား။

낵피양가 알로웁싸싱나잉말라

100 2층과 1층 모두 깨끗이 청소해야 해요.

You must make clean all the rooms upstairs and downstairs.

အပေါ်ထပ်ရော အောက်ထပ်ပါ သန့်ရှင်းရမယ်။

아뽀답요 아웃탑빠 땅싱야매

101 부엌을 잘 정리 정돈해야 해요.

You must tidy the kitchen.

မီးဖိုချောင်ကို သပ်သပ်ရပ်ရပ်ဖြစ်အောင် လုပ်ရမယ်။

미보자웅고 땁땁얍얍핏아웅 로웁야매

102 쓰레기를 쓰레기통 안에 버려야 해요.

You must put the rubbish in the garbage can.

အမှိုက်ကို အမှိုက်ပုံးထဲမှာ ထည့်ရမယ်။

아흐마익꼬 아흐마익뽀웅대흐마 태야매

103 더러워진 옷들은 모두 즉시 빨아야 해요.

All dirty clothes must be washed immediately.

အဝတ်ညစ်တွေ အားလုံး ချက်ချင်း လျှော်ရမယ်။

아우엇닛뒈 아로웅 책칭 쇼야매

104 바지들은 다림질해야 해요.

The trousers must be ironed.

ဘောင်းဘီတွေကို မီးပူတိုက်ရမယ်။

바웅비뒈고 미부따익야매

생활

105 바지 한 쪽 끝이 찢어져 있어요.

The leg of the trousers is torn.

ဘောင်းဘီခြေတစ်ဖက် စုတ်နေတယ်။

바웅비체따팩 쏘웃네대

106 바지를 꿰매어 줘요.

Sew my trousers.

ဘောင်းဘီကို ချုပ်ပေးပါ။

바웅비고 초웁뻬바

107 점심을 언제나 12시에 먹어요.

We always eat lunch at noon.

နေ့လယ်စာကို ၁၂ နာရီမှာ အမြဲ စားတယ်။

네래자고 새흐나나이흐마 아미얘 싸대

108 차를 끓여 줘요.

Make the tea for me.

လက်ဖက်ရည် ဖျော်ပေးပါ။

라팩예 표 뻬 바

109 커피가 너무 달아요.

The coffee is too sweet.

ကော်ဖီ ချိုလွန်းတယ်။

꼬피 초룽대

110 설탕이 많은 것 같아요.

I think you put a lot of sugar in it.

သကြားများပုံရတယ်။

다자 먀뽀웅야대

09 의료

의료

001 오늘 저 몸이 좋지 않아요.

I don't feel well today.

ဒီနေ့ ကျွန်တော် နေမကောင်းဘူး။

디네 짜노 네마까웅부

002 저 식욕이 없어요.

I have no appetite.

ကျွန်တော် ခံတွင်းပျက်တယ်။

짜노 가드윙 삐얘액때

003 머리가 아파요.

I have a headache.

ခေါင်းကိုက်တယ်။

가웅 까익때

004 뼈마디도 쑤시고 아파요.

I have pains in all my bones and joints.

အရိုးအဆစ်တွေလဲ ကိုက်တယ်။

아요아싯뛔래 까익때

005 배가 아파요.

I have a stomachache.

ဗိုက်နာတယ်။

바익나대

006 설사하고 있어요.

I have diarrhoea.

ဝမ်းလျှောနေတယ်။

웽쇼 네대

007 이 근처에 약국 있어요?

Is there a drug store near here?

ဒီနားမှာ ဆေးဆိုင် ရှိသလား။

디나흐마 세자잉 시달라

008 병원은 어디에 있어요?

Where is the hospital?

ဆေးရုံ ဘယ်မှာ ရှိသလဲ။

세요웅 배흐마 시달래

009 병원에 데려다 주세요.

Please send me to a hospital.

ဆေးရုံကို ပို့ပေးပါ။

세요웅고 뽀뻬바

010 의사에게 보이고 싶어요.

I need a doctor.

ဆရာဝန်နဲ့ ပြချင်ပါတယ်။

사야웡내 빠징바대

011 구급차 불러 주세요. (1)

Call the ambulance, please.

လူနာတင်ကား ခေါ်ပေးပါ။

루나딩까 코뻬바

012 구급차 불러 주세요. (2)

Call the ambulance, please.

လူနာတင်ယာဉ် ခေါ်ပေးပါ။

루나딩잉 코뻬바

013 의사를 즉시 불러 주세요.

Will you send for a doctor at once?

ဆရာဝန် ချက်ချင်း ခေါ်ပေးပါ။

사야웡 책칭 코뻬바

014 선생님, 저 잠을 잘 못 자요.

Doctor, I suffer from sleeplessness.

ဆရာ၊ ကျွန်တော် အိပ်မပျော်ဘူး။

사야 짜노 에입마뾰부

015 조금 피곤하고요.

I feel a little tired.

နည်းနည်း မောပါတယ်။

내내 모바대

016 그리고 자주 통증이 있어요.

And I have pains occasionally.

နောက်ပြီး တစ်ခါတစ်ခါ နာပါတယ်။

나욱삐 따카따카 나바대

017 식욕이 없어요?

How is your appetite?

အစားအသောက် ပျက်သလား။

아싸아따웃 삐얘액딸라

018 이틀 동안 아무 것도 먹지 못했어요.

I have hardly eaten anything these two days.

ဘာမှ မစားတာ နှစ်ရက်ရှိပါပြီ။

바흐마 마싸다 흐나얘액 시바비

019 변비를 해요.

I am suffering from constipation.

ဝမ်းချုပ်ပါတယ်။

웡초웁빠대

020 가슴 속이 답답하고 아픕니까?

Have you a pain in your chest?

ရင်ဘတ်ထဲက အောင့်သလား။

잉밧태가 아웅달라

021 배도 답답하고 통증이 있어요.

I have pains in my stomach also.

ဗိုက်လဲ အောင့်ပါတယ်။

바익래 아웅바대

022 가슴을 진찰해 볼게요.

Let me examine your chest.

ရင်ဘတ်ကို စမ်းမယ်နော်။

잉밧꼬 쌍매노

023 상의를 벗어요.

Take off your shirt.

အင်္ကျီချွတ်ပါ။

잉지 춧빠

024 누워요.

Lie down.

လှဲအိပ်ပါ။

흘래에입빠

의료

025 혈압을 재 볼게요.

I'll check your blood pressure.

သွေးတိုင်းကြည့်မယ်။

뛔 따잉 찌 매

026 혈압이 조금 높아요.

Your blood pressure is slightly above normal.

သွေးအား နည်းနည်း များတယ်။

뛔아 내내 먀대

027 맥박을 재 볼게요.

Let me feel your pulse.

သွေးစမ်းကြည့်မယ်နော်။

뛔 쌍 찌 매 노

028 맥박이 조금 빨라요.

Your pulse is little fast.

သွေးခုန်တာ နည်းနည်း မြန်တယ်။

뛔코웅다 내내 미얀대

029 그러나 걱정할 것 없어요.

But nothing to worry about.

ဒါပေမဲ့ စိုးရိမ်စရာ မရှိပါဘူး။

다베매 쏘예잉자야 마시바부

030 계단을 오르면 어지러워요?

Any dizziness after climbing stairs?

လှေကားတက်ရင် မူးသလား။

흘레가 땍잉 무달라

031 매우 어지러워요.

I feel very giddy.

သိပ် မူးပါတယ်။

떼입 무바대

032 서는 것조차 잘할 수 없어요.

I can hardly stand on my legs.

ရပ်လို့တောင် ကောင်းကောင်း မရပါဘူး။

얍로다웅 까웅가웅 마야바부

033 심장이 곤란했던 적 있어요?

Have you ever had any trouble with your heart?

နှလုံး ဒုက္ခပေးဖူးသလား။

흐날로웅 도욱카뻬부달라

034 숨 쉬기 어려웠던 적 있어요. (1)

I have breathed with difficulty.

အသက်ရှူကျပ်ဖူးပါတယ်။

아땍슈짭 푸바대

035 숨 쉬기 어려웠던 적 있어요. (2)

I have breathed with difficulty.

အသက်ရှူမဝဖူးဘူး။

아땍슈 마와부부

036 열은 있어요?

Have you any fever?

အဖျားရှိသလား။

아퍄 시달라

037 열은 없어요.

I have no fever.

အဖျားမရှိပါဘူး။

아퍄 마시바부

038 기침을 합니까?

Do you cough?

ချောင်းဆိုးသလား။

차웅소 달라

039 보통 밤과 아침 일찍 기침을 해요.

Generally I cough at night and early in the morning.

များသောအားဖြင့် ညဘက်နဲ့ မနက်စောစောမှာ ချောင်းဆိုးပါတယ်။

먀도아핑 냐백내 마낵쏘조흐마 차웅소바대

040 혀를 내보여 줘요.

Show me your tongue.

လျှာထုတ်ပြပါ။

샤 토웃빠바

041 열을 재 봐야 해요.

I must take your temperature.

အဖျားတိုင်းကြည့်ရမယ်။

아퍄 따잉 찌 야매

042 목이 아파요.

I have a sore throat.

လည်ချောင်းနာပါတယ်။

래자웅 나 바 대

043 소화가 잘 안 돼요.

I suffer from indigestion.

အစာမကြေပါဘူး။

아싸마쩨바부

044 소변은 괜찮은가요?

Anything wrong with the urine?

ဆီးကောင်းရဲ့လား။

시 까웅 얘 라

045

소변은 괜찮아요.

Nothing wrong with the urine.

ဆီးကောင်းပါတယ်။

시 까웅 바 대

046

온 종일 춥고 떨려요.

I have been shivering all day long.

တစ်နေ့လုံး ချမ်းပြီး တုန်ပါတယ်။

따네로웅 창 비 또웅바대

047

몸이 좋지 않은 지 얼마나 되었어요?

How long have you felt ill?

နေမကောင်းတာ ဘယ်လောက်ကြာပြီလဲ။

네마까웅다 배라욱짜비래

048

그저께부터였어요.

It began the day before yesterday.

တစ်နေ့ကတည်းကပါ။

따네가대가 바

049

이 병 염려스럽나요?

Do you think this illness is dangerous?

ဒီရောဂါက စိုးရိမ်ရပါသလား။

디요가가 쏘예잉야바달라

050 약을 먹어야 해요.

You must take a little medicine.

ဆေးသောက်ရမယ်။

/ + \ _

세 따욱 야 매

051 주의하면 곧 좋아질 거예요.

If you take care of yourself, you'll be feeling better soon.

ဂရုတစိုက် နေလိုက်ရင် ခဏနဲ့ နေကောင်းသွားမှာပါ။

\ + _ + _ \ \ _ / / _ _

가유다자익 네라익잉 카나내 네까웅똬흐마바

052 바람을 쐬지 말아요. 감기가 더 나빠져요.

You must be careful to avoid drafts, or your cold may prove serious.

လေတိုက်မခံနဲ့။ အအေးမိတာ ပိုဆိုးမယ်။

_ + _ \ / \ _ _ / _

레따익 마캉내 아에미다 뽀 소매

053 이 약을 몇 번 먹어야 해요?

How often must I take these pills?

ဒီဆေး ဘယ်နှခါ သောက်ရပါမလဲ။

_ / _ _ + \ _ /

디세 배흐나카 따욱야바말래

054 식후마다 한 알씩 하루에 세 번 먹어요.

Three times a day. Take one each after meals.

အစာစားပြီးတိုင်း တစ်လုံးစီ တစ်နေ့ သုံးကြိမ် သောက်ပါ။

_ / / / / _ \ / _ + _

아싸싸삐다잉 딸로웅지 따네 또웅제잉 따욱빠

055 2, 3일 지나면 회복될 거예요.

In two or three days you will be quite well.

နှစ်ရက်သုံးရက်ကြာရင် သက်သာသွားမယ်။

흐나얘액 또웅얘액 짜잉 땍따 똬 매

Memo

10 통신

통신

001 집에 전화 있어요?

Do you have a telephone in your house?

အိမ်မှာ တယ်လီဖုန်း ရှိပါသလား။

에잉흐마 땔리포웅 시바달라

002 집에 전화 있어요.

I have a telephone in my house.

အိမ်မှာ တယ်လီဖုန်း ရှိပါတယ်။

에잉흐마 땔리포웅 시바대

003 전화 좀 쓸 수 있을까요?

May I use your telephone, please?

တယ်လီဖုန်း သုံးလို့ ရမလား။

땔리포웅 또웅로 야말라

004 쓸 수 있어요.

You may use my telephone.

သုံးလို့ ရပါတယ်။

또웅로 야바대

005 집에 전화 없어요.

There is no telephone in my house.

အိမ်မှာ တယ်လီဖုန်း မရှိပါဘူး။

에잉흐마 땔리포웅 마시바부

006 전화를 어디에서 걸 수 있을까요?

Where may I telephone?

တယ်လီဖုန်း ဘယ်မှာ ဆက်လို့ ရမလဲ။

땔리포웅 배흐마 색로 야말래

007 제 친구 집에서 걸 수 있어요.

You may telephone in my friend's house.

ကျွန်တော့်သူငယ်ချင်းရဲ့အိမ်မှာ ဖုန်းဆက်လို့ ရပါတယ်။

짜노 따응애징 얘 에잉흐마 포웅색로 야바대

008 전화번호부 있어요?

Have you a telephone directory?

တယ်လီဖုန်းလမ်းညွှန်များ ရှိပါသလား။

땔리포웅 랑흐늉먀 시바달라

009 이 이름 좀 찾아 주시겠어요?

Please help me get this name.

ဒီနာမည် ရှာပေးပါလား။

디나매 샤뻬바라

010 전화가 연결이 잘 안 되는군요.

We have a very bad connection.

ဖုန်းလိုင်းမကောင်းဘူး။

포웅라잉 마까웅부

011 전화가 고장이에요.

The telephone is out of order.

ဖုန်းပျက်နေတယ်။

포웅 삐애액 네대

012 전화가 지금 통화중이에요.

The line is busy now.

အခု ဖုန်းလိုင်းမအားဘူး။

아쿠 포웅라잉 마아부

013 여보세요.

Hello!

ဟယ်လို။

핼로

014 이입니다.

This is Lee speaking.

လီ ပြောနေပါတယ်။

리 뽀네바대

통신

015

떼잉항 씨와 통화하고 싶어요.

May I speak to U Thein Han?

ဦးသိန်းဟန်နဲ့ စကားပြောချင်ပါတယ်။

우떼잉항 내 자가뾰징바대

016

수화기를 든 채 기다리세요.

Hold the line, please.

ကိုင်ထားပါ။

까잉타바

017

전화를 끊지 마세요. (1)

Please do not hang up.

ဖုန်းမချပါနဲ့ဦး။

포웅 마차바내 오웅

018

전화를 끊지 마세요. (2)

Please do not ring off.

ဖုန်းမလှည့်ပါနဲ့ဦး။

포웅 마흘래바내 오웅

019

여보세요, 미스타 이. 떼잉항입니다.

Hello! Mr. Lee. This is Thein Han speaking.

ဟယ်လို၊ မစ္စတာလီ။ သိန်းဟန် စကားပြောနေပါတယ်။

핼로 밋싸따 리 떼잉항 자가 뾰 네 바 대

020 기다리게 해서 죄송했습니다.

Sorry to have kept you waiting.

စောင့်ခိုင်းရတာ ဝမ်းနည်းပါတယ်။

싸웅카잉야다 웡내바대

021 크게 말씀하세요. 잘 안 들려요.

Please speak louder. I can't hear you.

ကျယ်ကျယ်ပြောပါ။ မကြားရပါဘူး။

째재 뾰바 마짜야바부

022 전화가 혼선이에요.

The lines are entangled.

ဖုန်းလိုင်းရောနေပါတယ်။

포웅라잉 요네바대

023 공중 전화에서 통화하고 있어요.

I am speaking from a public telephone booth.

အများသုံးတယ်လီဖုန်းက ပြောနေပါတယ်။

아먀또웅땔리포웅가 뾰네바대

024 나중에 다시 걸게요.

I'll call on you later.

နောက်မှ ထပ်ဆက်ဦးမယ်။

나욱흐마 탑색오웅매

통신

025 때잉항 씨 지금 집에 안 계세요.

U Thein Han isn't at home now.

ဦးသိန်းဟန် အခု အိမ်မှာ မရှိပါဘူး။

우떼잉항 아쿠 에잉흐마 마시바부

026 제가 전화했었다고 전해 주세요.

Just tell him that I called, please.

ကျွန်တော်ဖုန်းဆက်တယ်လို့ပဲ ပြောပေးပါ။

짜노 포웅색때로배 뾰뻬바

027 거기 전화 번호 몇 번이에요?

What is the telephone number there?

အဲဒီက တယ်လီဖုန်းနံပါတ် ဘယ်လောက်လဲ။

애디가 땔리포웅낭밧 배라웃래

028 전화 잘못 걸었습니다.

Wrong number.

နံပါတ်မှားပါတယ်။

낭밧 흐마바대

029 한국에 이 편지를 부치고 싶어요.

I'd like to send this letter to Korea.

ကိုရီးယားကို ဒီစာ ထည့်ချင်ပါတယ်။

꼬리야고 디싸 태징바대

030 그렇다면 우체국에 가야 해요.

Then, you must go to the post office.

ဒီလိုဆိုရင် စာတိုက်ကို သွားရပါတယ်။

디로소잉 싸다익꼬 똬야바대

031 항공 우편으로 부치고 싶어요.

I want to send this letter by air mail.

လေကြောင်းနဲ့ ပို့ချင်ပါတယ်။

레자웅내 뽀징바대

032 우표를 얼마나 붙여야 하나요?

How much postage do I need?

တံဆိပ်ခေါင်း ဘယ်လောက် ကပ်ရမလဲ။

다제입가웅 배라욱 깝야말래

033 이 편지 언제 도착해요?

When will this letter get there?

ဒီစာ ဘယ်တော့ ရောက်မလဲ။

디싸 배도 야욱말래

034 이 소포 보내고 싶어요.

I want to send this parcel.

ဒီပါဆယ် ပို့ချင်ပါတယ်။

디빠새 뽀징바대

통신

035 무엇이 들어 있나요?

What does this contain?

ဘာတွေ ပါပါသလဲ။

바뒈 빠바달래

036 책들뿐이에요.

Books only.

စာအုပ်တွေချည်းပဲ။

싸오웁뒈지배

037 등기로 보낼 수 있어요?

Can this be registered?

မှတ်ပုံတင်ပို့လို့ ရသလား။

흐맛뽀웅띵뽀로 야달라

038 이 소포를 등기로 보내 주세요.

Please send it as a registered parcel.

ဒီပါဆယ်ကို မှတ်ပုံတင်နဲ့ ပို့ပေးပါ။

디빠새고 흐맛뽀웅띵내 뽀뻬바

039 이 물건들을 보험에 들고 싶어요.

I wish to insure these goods.

ဒီပစ္စည်းတွေကို အာမခံထားချင်ပါတယ်။

디삣씨뒈고 아마강타징바대

040
이 편지를 속달로 부치고 싶어요.
I want to send this letter by express.
ဒီစာကို အမြန်ပို့ချင်ပါတယ်။
디싸고 아미얀 뽀징바대

041
이 편지 우송료는 얼마예요?
How much is the postal charge of this letter?
ဒီစာ ပို့ခ ဘယ်လောက် ကျသလဲ။
디싸 뽀가 배라욱 짜달래

042
서울에 전보 치고 싶어요. (1)
I'd like to send a telegram to Seoul.
ဆိုးလ်ကို သံကြိုးရိုက်ချင်ပါတယ်။
서울고 땅조야익칭바대

043
서울에 전보 치고 싶어요. (2)
I want to send a telegram to Seoul.
ဆိုးလ်ကို ကြေးနန်းရိုက်ချင်ပါတယ်။
서울고 쩨낭야익칭바대

044
이것은 보통 전보예요.
This is an ordinary telegram.
ဒါ ရိုးရိုးသံကြိုးပါ။
다 요요 땅조바

045 뉴욕에 지급(至急) 전보 치면 얼마나 걸려요?

How long will an urgent telegram to New York take?

နယူးယောက်ကို အမြန်ကြေးနန်းရိုက်ရင် ဘယ်လောက် ကြာမလဲ။

나유야욱꼬 아미얀쩨낭야익잉 배라욱 짜말래

Memo

부록

부록

1. 미얀마 음식

전통적인 미얀마 음식의 종류는 아주 다양하다. 버마족과 소수민족 등 각 지역마다 특색 있는 전통 음식이 있고, 중국과 인도의 영향을 받아 다소 이국적인 분위기의 음식도 상당수 있다. 한국인이 즐겨 먹을 만한 음식을 대충 소개해 보자면 다음과 같다.

\ / /
မုန့်ဟင်းခါး(모웅힝가)

고깃국물 속에 곁들인 발효시킨 쌀로 만든 국수로서, 미얀마인들은 아침 식사로 많이 이용함.

+ /
ခေါက်ဆွဲ(카욱쇄)

국수.

+ / _
ခေါက်ဆွဲကြော်(카욱쇄조)

면을 튀긴 튀김 국수의 일종.

_ / /
ကောက်ညှင်းပေါင်း(까웅흐닝바웅)

시루에 찐 찹쌀떡의 일종.

_ / +
ကောက်ညှင်းထုပ်(까웅흐닝도웁)

까웅흐닝바웅을 대나무 잎이나 기타 나뭇잎으로 말아서 포장한 것.

\ + +
မုန့်ပက်ထုပ်(모웅팩토웁)

과자나 사탕 기타 과일을 집어 넣은 까웅흐닝도웁.

/ / \
ထန်းသီးမုန့်(탕디모웅)

사탕수수 열매로 만든 간식용 과자의 일종.

/ /+ _ /
သုံးဦးစပ်ချဉ်ဟင်း(또웅우잡칭힝)

상추, 시금치, 콩잎 이렇게 세 종류의 식물을 넣어 만든 신맛의 스프.

\
ငါးပိ(응아삐)

생선을 소금으로 절인 것이나, 또는 생선, 새우 등의 수분을 소금으로 제거한 다음 햇빛에 말려 절구에서 찧어 만든 것으로서, 미얀마에서는 우리 나라의 김치처럼 식탁에 없어서는 안 될 음식임.

\ _
ငါးပိရည်(응아삐예)

응아삐 소스로서 간장용으로 쓰임.

/ / + \
သုံးဦးစပ်ငါးပိ(또웅우잡응아삐)

세 종류의 생선으로 만든 응아삐.

+ _
လက်ဖက်ရည်(라팩예)

미얀마 홍차.

+
လက်ဖက်(라팩)

어린 찻잎을 물에 절인 다음 꺼내어 참기름에 담그어 놓고 다른 음식과 함께 가벼운 식사 대용으로 먹는 미얀마인의 기호 식품임.

_ + _
ပုစွန်ကွက်ကြော်(바중그왝쪼)

양파를 혼합한 새우 튀김.

_
ငါးကြော်(응아조)

생선 튀김.

_ _
ကမာကြော်(까마조)

굴 튀김.

/ _
ဂဏန်းကြော်(가낭조)

게 튀김.

/ _
ထမင်းကြော်(타밍조)

볶음밥.

+ \ _
ကြက်ဥကြော်(짹우조)

계란 후라이.

+/ /
ကြက်သားဟင်း(짹따힝)

닭고기 요리.

+/ /
ဝက်သားဟင်း(왝따힝)

돼지고기 요리.

/ / /
အမဲသားဟင်း(아매다힝)

쇠고기 요리.

/ / / _
အမဲသားမီးကင်(아매다미깅)

로스트 비프.

/ / _ +
အမဲသားကြော်ချက်(아매다조잭)

비프 스테이크.

_ / _
အာလူးကြော်(아루조)

감자 튀김.

/ / / + +
ဟင်းသီးဟင်းရွက်ဆလတ်(힝디힝유액살랏)

야채 샐러드.

/ / / + _
ဟင်းသီးဟင်းရွက်ကြော်(힝디힝유액쪼)

야채 볶음.

/ / /
ဘဲသားဟင်း(배다힝)

오리고기 요리.

+ / /
ဆိတ်သားဟင်း(세잇따힝)

염소고기 요리.

/ / /
သိုးသားဟင်း(또다힝)

양고기 요리.

_ +
ဆန်ပြုတ်(상보웃)

쌀죽.

2. 미얀마 과일

미얀마는 기후적으로 열대성 과일이 풍부하여 우리 나라에서는 맛볼 수 없는 갖가지 과일이 계절마다 많이 있다. 그러나 우기 때에는 과일을 너무 많이 섭취하면 배탈이 나기 쉽기 때문에 조심해야 한다.

/ / /
ဒူးရင်းသီး(두 잉 디)

두리안. 한국인이 처음 맛보는 경우에는 독특한 향내로 인하여 거북할 수도 있음. 과일 알맹이는 흰색 또는 황색인데, 황색이 더 맛이 좋음. 독특한 향내로 인하여 빈대 방지용으로도 쓰임.

/+ /
မင်းကွတ်သီး(밍 굿 띠)

망고스틴. 자색의 딱딱한 껍질로 되어 있으나, 간단히 손으로 벗겨 하얀 알맹이를 먹을 수 있음.

+ /
သရက်သီး(따 얘 액 띠)

망고. 황색으로 달고 맛이 있음.

_+ /
နာနတ်သီး(나 낫 띠)

파인애플.

/ / /
သင်္ဘောသီး(띵보디)

파파야.

/ /
ငှက်ပျောသီး(응아뵤디)

바나나. 동남아시아의 바나나는 종류가 여러 가지임.

_ _ /
လိမ္မော်သီး(레잉모디)

오렌지.

/ _ /
ဩဇာသီး(오자디)

슈거애플.

/ /
သခွားမွှေး(따콰흐웨)

멜론.

/ /
ဖရဲသီး(파얘디)

수박.

/ /
ပန်းသီး(빵디)

사과.

/ /
သဖန်းသီး(따팡디)

무화과.

+ _ /
မက်မွန်သီး(맥뭉디)

복숭아.

+/
စပျစ်သီး(자빗띠)

포도.

/ /
အုန်းသီး(오웅디)

코코야자.

3. 기수

0	၀	သုည	_ \ 또옹냐
1	၁	တစ်	+ 띳
2	၂	နှစ်	+ 흐닛
3	၃	သုံး	/ 또옹
4	၄	လေး	/ 레
5	၅	ငါး	/ 응아
6	၆	ခြောက်	+ 차욱
7	၇	ခုနစ်	_ + 쿤흐닛
8	၈	ရှစ်	+ 싯
9	၉	ကိုး	/ 꼬

부록

10	၁၀	တစ်ဆယ်	‾ 따새
11	၁၁	ဆယ့်တစ်	\+ 새띳
12	၁၂	ဆယ့်နှစ်	\ + 새흐닛
13	၁၃	ဆယ့်သုံး	\ / 새또웅
14	၁၄	ဆယ့်လေး	\/ 새레
15	၁၅	ဆယ့်ငါး	\ / 새응아
16	၁၆	ဆယ့်ခြောက်	\ + 새차욱
17	၁၇	ဆယ့်ခုနစ်	\ _ + 새쿤흐닛
18	၁၈	ဆယ့်ရှစ်	\+ 새싯
19	၁၉	ဆယ့်ကိုး	\/ 새꼬
20	၂၀	နှစ်ဆယ်	‾ 흐나새
21	၂၁	နှစ်ဆယ့်တစ်	\+ 흐나새띳
22	၂၂	နှစ်ဆယ့်နှစ်	\ + 흐나새흐닛
29	၂၉	နှစ်ဆယ့်ကိုး	\/ 흐나새꼬
30	၃၀	သုံးဆယ်	/ ‾ 또웅재
31	၃၁	သုံးဆယ့်တစ်	/ \+ 또웅재띳

35	၃၅	သုံးဆယ့်ငါး	/ \ / 또응재응아
38	၃၈	သုံးဆယ့်ရှစ်	/ \+ 또응재싯
40	၄၀	လေးဆယ်	/ _ 레재
44	၄၄	လေးဆယ့်လေး	/ \ / 레재레
50	၅၀	ငါးဆယ်	/ _ 응아재
53	၅၃	ငါးဆယ့်သုံး	/ \ / 응아재또응
57	၅၇	ငါးဆယ့်ခုနစ်	/ \ _ + 응아재쿤흐닛
60	၆၀	ခြောက်ဆယ်	+ _ 차욱새
66	၆၆	ခြောက်ဆယ့်ခြောက်	+ \ + 차욱새차욱
70	၇၀	ခုနစ်ဆယ်	_ _ 쿤흐나새
72	၇၂	ခုနစ်ဆယ့်နှစ်	_ \ + 쿤흐나새흐닛
78	၇၈	ခုနစ်ဆယ့်ရှစ်	_ \ + 쿤흐나새싯
80	၈၀	ရှစ်ဆယ်	+ _ 싯새
81	၈၁	ရှစ်ဆယ့်တစ်	+ \+ 싯새띳
89	၈၉	ရှစ်ဆယ့်ကိုး	+ \ / 싯새끄
90	၉၀	ကိုးဆယ်	/ _ 끄재

92	၉၂	ကိုးဆယ့်နှစ်	/ \ + 꼬재흐닛
95	၉၅	ကိုးဆယ့်ငါး	/ \ / 꼬재응아
99	၉၉	ကိုးဆယ့်ကိုး	/ \ / 꼬재꼬
100	၁၀၀	တစ်ရာ	– 따야
101	၁၀၁	တစ်ရာ့တစ်	\ + 따야띳
110	၁၁၀	တစ်ရာ့တစ်ဆယ်	\ – 따야따새
150	၁၅၀	တစ်ရာ့ငါးဆယ်	\ / – 따야응아재
199	၁၉၉	တစ်ရာ့ကိုးဆယ့်ကိုး	\ / \ / 따야꼬재꼬
200	၂၀၀	နှစ်ရာ	– 흐나야
428	၄၂၈	လေးရာ့နှစ်ဆယ့်ရှစ်	/ \ \ + 레야흐나새싯
500	၅၀၀	ငါးရာ	/ – 응아야
734	၇၃၄	ခုနစ်ရာ့သုံးဆယ့်လေး	– \ / \ / 쿤흐나야또웅재레
1,000	၁၀၀၀	တစ်ထောင်	– 따타웅
2,000	၂၀၀၀	နှစ်ထောင်	– 흐나타웅
9,000	၉၀၀၀	ကိုးထောင်	/ – 꼬다웅
10,000	၁၀၀၀၀	တစ်သောင်း	/ 따따웅

99,000	၉၉၀၀၀	ကိုးသောင်းကိုးထောင်	꼬다웅꼬다웅
십만	၁၀၀၀၀၀	တစ်သိန်း	따떼잉
백만	၁၀၀၀၀၀၀	တစ်သန်း	따땅
천만	၁၀၀၀၀၀၀၀	①ဆယ်သန်း	새당
		②တစ်ကုဋေ	다가데
일억	၁၀၀၀၀၀၀၀၀	①သန်းတစ်ရာ	땅따야
		②ဆယ်ကုဋေ	새가데
십억	၁၀၀၀၀၀၀၀၀၀	①သန်းတစ်ထောင်	땅따타웅
		②ကုဋေတစ်ရာ	가데따야
1/2		တစ်ဝက်	따왝
1/3		သုံးပုံတစ်ပုံ	또웅보웅다보웅
2/3		သုံးပုံနှစ်ပုံ	또웅보웅흐나뽀웅
1/4		① တစ်စိတ်	다제잇
		② လေးပုံတစ်ပုံ	레보웅다보웅

4. 서수

첫째	ပဌမ/ပထမ	\ 빠타마
둘째	ဒုတိယ	\ \ \ 두띠야
셋째	တတိယ	+ \ \ 땃띠야
넷째	စတုတ္ထ	+ \ 자도웃타
다섯째	ပဉ္စမ	_ \ 삥싸마
여섯째	ဆဋ္ဌမ	+ \ 삿타마
일곱째	သတ္တမ	+ \ 땃따마
여덟째	အဋ္ဌမ	+ \ 앗타마
아홉째	နဝမ	\ 나와마
열째	ဒသမ	+ \ 닷따마

그러나 ပဌမ(첫째), ဒုတိယ(둘째), တတိယ(셋째), စတုတ္ထ(넷째) 이외에는 별로 쓰지 않는다. 그 대신에 [기수+조수사+မြောက်]라는 표현을 주로 사용한다.

스물여덟 번째 사람	၂၈ယောက်မြောက်လူ	\+ + + _ 흐나새싯 야욱마욱 루
제28회 독립 기념일	၂၈ကြိမ်မြောက်လွတ်လပ်ရေးနေ့	\+ _ + 흐나새싯 쩨잉먀욱 + + / \ 룻랍예네

5. 시각과 시

오전 6시	မနက်၆နာရီ	+ + _ _ 마낵 차욱 나이
오전 9시	မနက်၉နာရီ	+ / _ _ 마낵 꼬 나이
정오	မွန်းတည့်ချိန်	/ \ _ 뭉때제잉
오후 1시	မွန်းလွဲတစ်နာရီ	/ / _ _ 뭉르왜 따나이
오후 4시	ညနေ၄နာရီ	\ _ / _ _ 냐네 레 나이
오후 6시	ညနေ၆နာရီ	\ _ + _ _ 냐네 차욱 나이
오후 9시	ည၉နာရီ	\ / _ _ 냐 꼬 나이
자정	ညသန်းခေါင်အချိန်	\ _ _ 냐다가웅아체잉
8시 반	၈နာရီခွဲ	+ _ _ / 싯 나이 괘
9시 45분	၉နာရီ၄၅မိနစ်	/ _ _ / \ / \ + 꼬 나이 레재응아 미닛
	၁၀နာရီမတ်တင်း	_ _ _ + / 새 나이 맛띵
2시 15분	၂နာရီ၁၅မိနစ်	_ _ \ / \ + 흐나나이 새응아 미닛
3시 20분	၃နာရီမိနစ်၂၀	/ _ _ \ + _ 또웅 나이 미닛 흐나새
5시 5분 전	၅နာရီထိုးဖို့၅မိနစ်အလို	/ _ _ / \ / 응아 나이 토 보 응아 \ + _ 미닛 알로

세기	ရာစုနှစ်	_ \ + 야주흐닛
년	နှစ်	+ 흐닛
신년	နှစ်သစ်	+ + 흐닛띳
금년	ဒီနှစ်	_ + 디흐닛
작년	မနှစ်က	+ \ 마흐닛까
내년	နောင်နှစ်	_ + 나웅흐닛
달	လ	\ 라
이 달	ဒီလ	_ \ 디라
지난달	အရင်လ	_ \ 아잉라
다음달	နောက်လ	+ \ 나욱라
금주	ဒီအပတ်	_ + 디아빳
지난주	အရင်အပတ်	_ + 아잉아빳
다음주	နောက်အပတ်	+ + 나욱아빳
일	နေ့	\ 네
오늘	ဒီနေ့	_ \ 디네
어제	မနေ့က	\ \ 마네가

그제	တစ်နေ့က	\ \ 따네가
내일	မနက်ဖန်	+ _ 마낵팡
모레	သန်ဘက်ခါ	+ _ 다백카
매일	နေ့တိုင်း	\ / 네다잉
종일	တစ်နေ့လုံး	\ / 따네로웅
격일	တစ်ရက်ခြား	+ / 따얘액차
오래지 않아	မကြာခင်	_ _ 마짜깅
지금	အခု	\ 아쿠
아침	မနက်	+ 마낵
오늘 아침	ဒီမနက်	_ + 디마낵
내일 아침	မနက်ဖန်မနက်	+ _ + 마낵팡 마낵
어제 아침	မနေ့မနက်က	\ +\ 마네마낵까
아침 일찍	မနက်စောစော	+ / / 마낵 쏘조
오후	ညနေ	\ _ 냐네
오늘 오후	ဒီညနေ	_ \ _ 디냐네
어제 오후	မနေ့ညနေက	\ \ _ \ 마네냐네가

밤	ည	냐
오늘 밤	ဒီည	디냐
어젯밤	မနေ့ညက	마네냐가
밤새껏, 밤새도록	တစ်ညလုံး	따냐로웅

6. 달

(1) 태양력

1월	ဇန်နဝါရီလ	장나와리라
2월	ဖေဖော်ဝါရီလ	페포와리라
3월	မတ်လ	맛라
4월	ဧပြီလ	에삐라
5월	မေလ	메라
6월	ဇွန်လ	중라
7월	ဇူလိုင်လ	주라잉라
8월	ဩဂုတ်လ	오고웃라
9월	စက်တင်ဘာလ	쌕띵바라

10월	အောက်တိုဘာလ	+ _ _ \ 아욱또바라
11월	နိုဝင်ဘာလ	_ _ _ \ 노윙바라
12월	ဒီဇင်ဘာလ	_ _ _ \ 디징바라
1월 1일	နှစ်ဆန်းတစ်ရက်နေ့	+ / + \ 흐닛상 따얘액네
12월 31일	ဒီဇင်ဘာလကုန်	_ _ _ \ _ 디징바라꼬웅

(2) 미얀마력

미얀마력은 태음력으로서 미얀마에서는 이 미얀마력도 때에 따라 곧잘 사용한다. 미얀마력의 1년은 태양력의 4월경에 시작하여 3월경에 끝나는데, 따라서 미얀마력 1월은 태양력의 거의 4월에 해당한다.

미얀마력 1월	တန်ခူးလ	/ \ 다구라
미얀마력 2월	ကဆုန်လ	_ \ 까소웅라
미얀마력 3월	နယုန်လ	_ \ 나요웅라
미얀마력 4월	ဝါဆိုလ	_ _ \ 와조라
미얀마력 5월	ဝါခေါင်လ	_ _ \ 와가웅라
미얀마력 6월	တော်သလင်းလ	_ / \ 또달링라
미얀마력 7월	သီတင်းကျွတ်လ	/+ \ 다딩좃라

미얀마력 8월	တန်ဆောင်မုန်းလ	_ / \ 다자웅모웅라
미얀마력 9월	နတ်တော်လ	_ \ 나도라
미얀마력 10월	ပြာသိုလ	_ _ \ 빠도라
미얀마력 11월	တပို့တွဲလ	\ / \ 다보돼라
미얀마력 12월	တပေါင်းလ	/ \ 다바웅라

7. 날짜

1일	၁ရက်နေ့	+ \ 따얘액네
2일	၂ရက်နေ့	+ \ 흐나얘액네
3일	၃ရက်နေ့	/ + \ 또웅얘액네
4일	၄ရက်နေ့	/ + \ 레얘액네
5일	၅ရက်နေ့	/ + \ 응아얘액네
6일	၆ရက်နေ့	+ + \ 차욱얘액네
7일	၇ရက်နေ့	_ + \ 쿤흐나얘액네
8일	၈ရက်နေ့	+ + \ 싯얘액네
9일	၉ရက်နေ့	/ + \ 꼬얘액네

10일	၁၀ရက်နေ့	_ + \ 새얘액네
11일	၁၁ရက်နေ့	\ + \ 새따얘액네
12일	၁၂ရက်နေ့	\ + \ 새흐나얘액네
13일	၁၃ရက်နေ့	\ / + \ 새또웅얘액네
14일	၁၄ရက်နေ့	\ / + \ 새레얘액네
15일	၁၅ရက်နေ့	\ / + \ 새응아얘액네
16일	၁၆ရက်နေ့	\ + + \ 새차욱얘액네
17일	၁၇ရက်နေ့	_ + \ 새쿤흐나얘액네
18일	၁၈ရက်နေ့	\+ + \ 새싯얘액네
19일	၁၉ရက်နေ့	\ / + \ 새꼬얘액네
20일	၂၀ရက်နေ့	_ + \ 흐나새얘액네
21일	၂၁ရက်နေ့	\ + \ 흐나새따얘액네
22일	၂၂ရက်နေ့	\ + \ 흐나새흐나얘앳네
23일	၂၃ရက်နေ့	\ / + \ 흐나새또웅얘액네
24일	၂၄ရက်နေ့	\ / + \ 흐나새레얘액네
25일	၂၅ရက်နေ့	\ / + \ 흐나새응아얘액네

26일	၂၆ရက်နေ့	\ + + \ 흐나새차욱얘액네
27일	၂၇ရက်နေ့	\ _ + \ 흐나새큰흐나얘액네
28일	၂၈ရက်နေ့	\ + + \ 흐나새싯얘액네
29일	၂၉ရက်နေ့	\ / + \ 흐나새꼬얘액네
30일	၃၀ရက်နေ့	/ _ + \ 또웅재얘액네
31일	၃၁ရက်နေ့	/ \ + \ 또웅재따얘액네

8. 요일

일요일	တနင်္ဂနွေနေ့	/ _ \ 따닝가눼네
월요일	တနင်္လာနေ့	/ _ \ 따닝라네
화요일	အင်္ဂါနေ့	_ _ \ 잉가네
수요일	ဗုဒ္ဓဟူးနေ့	+ / \ 보웃다후네
목요일	ကြာသပတေးနေ့	_ / \ 짜다바데네
금요일	သောကြာနေ့	+ _ \ 따욱짜네
토요일	စနေနေ့	_ \ 싸네네

9. 계절

미얀마의 계절은 다음과 같이 삼계절로 나누어진다.

여름	① နွေအခါ	_ _ 뉘아카
	② နွေရာသီ	_ _ _ 뉘야디
	③ နွေဥတု	_ \ \ 뉘우두
우기	① မိုးအခါ	/ _ 모아카
	② မိုးရာသီ	/ _ _ 모야디
	③ မိုးဥတု	/ \ \ 모우두
	④ မိုးတွင်း	/ / 모드윙
겨울	① ဆောင်းအခါ	/ _ 사웅아카
	② ဆောင်းရာသီ	/ _ _ 사웅야디
	③ ဆောင်းဥတု	/ \ \ 사웅우두
	④ ဆောင်းတွင်း	/ / 사웅드윙

그리고 한국의 사계절의 경우는 다음과 같이 부를 수 있다.

봄	နွေဦးရာသီ	_ / _ _ 뉘우야디
여름	နွေရာသီ	_ _ _ 뉘야디

가을	ဆောင်းဦးရာသီ	/ / _ _ 사웅우야디
겨울	ဆောင်းရာသီ	/ _ _ 사웅야디

10. 공간과 방위

안	အထဲ	/ 아태
밖	အပြင်	_ 아삥
위	အပေါ်	_ 아뽀
아래	အောက်	+ 아욱
앞	ရှေ့	\\ 셰
뒤	နောက်	+ 나욱
우	① ညာ	_ 냐
	② လက်ယာ	+ _ 랙야
좌	① ဘယ်	_ 배
	② လက်ဝဲ	+ / 랙왜
한가운데, 중앙	အလယ်	_ 알래
사이	ကြား	/ 자

동	အရှေ့	\\ 아셰
서	အနောက်	+ 아나욱
남	တောင်	– 따웅
북	မြောက်	+ 먀욱
동남	အရှေ့တောင်	\ – 아셰따웅
동북	အရှေ့မြောက်	\ + 아셰먀욱
서남	အနောက်တောင်	+ – 아나욱따웅
서북	အနောက်မြောက်	+ + 아나욱먀욱
길이	① အလျား	/ 알랴
	② အရှည်	– 아셰
폭	အနံ	– 아낭
넓이	အကျယ်	– 아째
높이	အမြင့်	\\ 아밍
두께	① အထူ	– 아투
	② ထု	\\ 두
깊이	① အနက်	+ 아낵

	② ဇောက်	+ 자욱

11. 국명과 지명

아시아	အာရှ	_ \\ 아샤
아프리카	အာဖရိက	_ \\ \\ 아파리까
유럽	ဥရောပ	\\ / \\ 우요빠
아메리카	အမေရိက	_ \\ \\ 아메리까
북아메리카	မြောက်အမေရိက	+ _ \\ \\ 먀욱아메리까
남아메리카	တောင်အမေရိက	_ _ \\ \\ 따웅아메리까
오스트레일리아	ဩစတြေးလီးယား	/ / / / 오싸따레리야
일본	ဂျပန်	_ 자빵
미얀마	မြန်မာ	_ _ 미얀마
버마	ဗမာ	_ 바마
코리아	ကိုရီးယား	_ / / 꼬리야
남한	တောင်ကိုရီးယား	_ _ / / 따웅꼬리야
북한	မြောက်ကိုရီးယား	+ _ / / 먀욱꼬리야

태국	①	ထိုင်း	/ 타잉
	②	ယိုးဒယား	/ / 요다야
라오스		လော	/ 로
중국		တရုတ်	+ 따요웃
인도	①	အိန္ဒိယ	_ \ \ 에잉디야
	②	ကုလား	/ 깔라
방글라데시		ဘင်္ဂလားဒေ့ရှ်	_ / \ 빙갈라데시
영국	①	ဗြိတိသျှ	\ \ \ 비띠샤
	②	အင်္ဂလန်	_ _ 잉갈랑
프랑스		ပြင်သစ်	_ + 삥띳
독일	①	ဂျာမန်	_ _ 자망
	②	ဂျာမဏီ	_ _ 자마니
러시아		ရုရှား	\ / 유샤
이탈리아		အီတလီ	_ _ 이딸리
체코슬로바키아		ချက်ကိုစလိုဗားကီးယား	+ _ _ / / / 책꼬쌀로바끼야
유고슬라비아		ယူဂိုစလားဗီးယား	_ _ / / / 유고쌀라비야

베트남	ဗီယက်နမ်	_ + _ 비얘액낭
캄보디아	ကမ္ဘောဒီးယား	_ / / / 깜보디야
말레이지아	မလေးရှား	/ / 말레샤
싱가폴	စင်္ကာပူ	_ _ 씽가뿌
인도네시아	အင်ဒိုနီးရှား	_ _ / / 잉도니샤
필리핀	ဖိလစ်ပိုင်	\ + _ 피릿빠잉
파키스탄	ပါကစ္စတန်	_ + _ 빠낏싸땅
스리랑카	သီရိလင်္ကာ	_ \ _ _ 띠리링까
실론	သီဟိုဠ်	_ _ 띠호
네팔	နီပေါ	_ / 니뽀
브라질	ဘရာဇီး	_ / 바라지
캐나다	ကနေဒါ	_ _ 까네다
이집트	အီဂျစ်	_ + 이짓
그리스	ဂရိ	\ 가리
이란	အီရန်	_ _ 이랑
이라크	အီရတ်	_ + 이랏

이스라엘	အစ္စရေး	+ / 잇자레
요르단	ဂျော်ဒန်	_ _ 조당
레바논	လက်ဘနွန်	+ _ 랙바눙
멕시코	မက်ဆီကို	+_ _ 맥시꼬
뉴질랜드	နယူးဇီလန်	/ _ _ 나유지랑
노르웨이	နော်ဝေ	_ _ 노웨
파나마	ပနားမား	/ / 빠나마
팔레스타인	ပါလက်စတိုင်း	_ + / 빠랙싸따잉
폴란드	ပိုလန်	_ _ 뽀랑
포르투갈	ပေါ်တူဂီ	_ _ _ 뽀뚜기
스페인	စပိန်	_ 싸뻬잉
스웨덴	ဆွီဒင်	_ _ 스위딩
스위스	ဆွစ်	+ 스윗
터키	တူရကီ	_ _ 뚜라끼
스칸디나비아	စကင်ဒီနေးဗီးယား	_ _ / / / 싸낑디네비야
뉴욕	နယူးယောက်	/ + 나유야욱

런던	လန်ဒန်	랑당
파리	ပါရစ်	빠릿
모스크바	မော်စကို	모싸꼬
동경	တိုကျို	또쪼
북경	ပီကင်း	삐낑
방콕	ဘန်ကောက်	방가욱
캘커타	ကလကတ္တား	까라깟따
사이공	ဆေးဂုံ	세고웅
하노이	ဟနွိုင်	하놔잉
프놈펜	ဖနွမ်းပင်	파눙삥
쿠알라룸푸르	ကွာလာလာမ်ပူ	꽈라랑뿌
자카르타	ဂျကာတာ	자까따
마닐라	မနီလာ	마니라
콜롬보	ကိုလံဘို	꼬랑보
카트만두	ခတ္တမန္ဒူ	캇따망두
홍콩	ဟောင်ကောင်	하웅까웅

말레이반도	ပသျှူးကျွန်းဆွယ်	/ / _ 빠슈쭁좨
벵갈만	ဘင်္ဂလားပင်လယ်အော်	_ / _ _ _ 빙갈라삥래오
안다만해	ကပ္ပလီပင်လယ်	+ _ _ _ 깝빨리삥래
에야와디강	ဧရာဝတီမြစ်	_ _ _ + 에야와디밋
칭드윙강	ချင်းတွင်းမြစ်	/ / + 칭드윙밋
땅르윙강	သံလွင်မြစ်	_ _ + 땅르윙밋
아라칸산맥	ရခိုင်ရိုးမ	_ / \ 야카잉요마
샨고원	ရှမ်းကုန်းပြင်မြင့်	/ / _ \ 샹꼬웅빙밍
카까보라지산	ခါကာဘိုရာဇီတောင်	_ _ _ _ _ 카까보라지따웅
위또리야산	ဝိတိုရိယတောင်	\ _ \ \ _ 위또리야따웅
잉레호	အင်းလေးကန်	/ / _ 잉레깡
잉야호	အင်းလျားကန်	/ / _ 잉야깡

12. 미얀마의 행정 구역과 그 행정청 소재지

1974년 헌법에 의하면, 미얀마의 행정 구역은 7개의 省(division)과 7개의 州(state)로 되어 있다. 省은 버마족이 주로 사는 중앙 평지부 지역, 州는 소수민족 거주 지역에 대한 명칭으로, 省과 州는 행정 구획으로서는 완전히 동격이다. 여기서 州는 自治州를 의

미하지는 않는다.

양공省	ရန်ကုန်တိုင်း(ရန်ကုန်)	양고웅따잉(양고웅)
만달레省	မန္တလေးတိုင်း(မန္တလေး)	망달레따잉(망달레)
바고省	ပဲခူးတိုင်း(ပဲခူး)	바고따잉(바고)
마궤省	မကွေးတိုင်း(မကွေး)	마궤따잉(마궤)
에야와디省	ဧရာဝတီတိုင်း(ပုသိမ်)	에야와디따잉(빠떼잉)
자가잉省	စစ်ကိုင်းတိုင်း(စစ်ကိုင်း)	자가잉따잉(자가잉)
따닝따이省	တနင်္သာရီတိုင်း(ထားဝယ်)	따닝따이따잉(다왜)
까칭州	ကချင်ပြည်နယ်(မြစ်ကြီးနား)	까칭삐내(밋찌나)
까야州	ကယားပြည်နယ်(လွိုင်ကော်)	까야삐내(롸잉꼬)
까잉州	ကရင်ပြည်နယ်(ဘားအံ)	까잉삐내(파앙)
칭州	ချင်းပြည်နယ်(ဟားခါး)	칭삐내(하카)
뭉州	မွန်ပြည်နယ်(မော်လမြိုင်)	뭉삐내(모라먀잉)
라카잉州	ရခိုင်ပြည်နယ်(စစ်တွေ)	라카잉삐내(씻뛔)
샹州	ရှမ်းပြည်နယ်(တောင်ကြီး)	샹삐내(따웅지)

13. 색

녹색	အစိမ်းရောင်	아쎄잉야웅
연한 녹색	အစိမ်းနုရောင်	아쎄잉누야웅
진한 녹색	အစိမ်းရင့်ရောင်	아쎄잉잉야웅
남색	မဲနယ်ရောင်	매내야웅
회색	မီးခိုးရောင်	미고야웅
파란색	အပြာရောင်	아빠야웅
하늘색	မိုးပြာရောင်	모뱌야웅
자주색	ခရမ်းရောင်	카양야웅
노란색	အဝါရောင်	아와야웅
검은색	အနက်ရောင်	아낵야웅
빨간색	အနီရောင်	아니야웅
주홍색	ကြက်သွေးရောင်	짹뛔야웅
하얀색	အဖြူရောင်	아퓨야웅
상아색	ဆင်စွယ်ရောင်	싱좨야웅
분홍색	ပန်းရောင်	빵야웅

갈색	အညိုရောင်	아뇨야웅
오렌지색	လိမ္မော်ရောင်	레잉모야웅

14. 서적과 문방구

서점	စာအုပ်ဆိုင်	싸오웁사잉
문방구점	စာရေးကိရိယာဆိုင်	싸예까리야자잉
도서관	စာကြည့်တိုက်	싸찌다익
신문	သတင်းစာ	다딩자
사전	အဘိဓာန်	아비당
볼펜	ဘောပင်	보삥
북 엔드(책꽂이)	စာအုပ်ညှပ်ဒေါက်	싸오웁흐냐압다욱
색연필	① ရောင်စုံခဲတံ	야웅조웅캐당
	② နီပြာခဲတံ	니뱌캐당
	③ ရောင်စုံဖယောင်း	야웅조웅파야웅
일기	နေ့စဉ်မှတ်တမ်း	네징흐맛땅
제도 용구 세트	ပုံဆွဲကိရိယာစုံ	뽀웅쫴까리야조웅

봉투	စာအိတ်	싸에잇
큰 봉투	စာအိတ်အကြီး	싸에잇아찌
작은 봉투	စာအိတ်အသေး	싸에잇아떼
지우개(잉크용)	မင်ဖျက်	흐밍폐액
지우개(연필용)	ခဲဖျက်	캐베액
만년필	① မင်တံ	흐밍당
	② ဖောင်တိန်	파웅떼잉
풀, 접착제	ကော်	꼬
잉크(등사판용)	မိတ္တူကူးမင်	메잇뚜꾸흐밍
잉크(만년필용)	မင်	흐밍
검은 잉크	မင်နက်	흐밍낵
빨간 잉크	မင်နီ	흐밍니
편지꽂이	စာတွဲအဖုံး	싸퇘아포웅
지도	မြေပုံ	메보웅
종이 천공기	ဖောက်စက်	파욱쌕
펜	① ကလောင်	깔라웅

	② ကလောင်တံ	_ _ 깔라웅당
펜촉	ကလောင်သွား	_ / 깔라웅따
공책	မှတ်စုစာအုပ်	+ _ + 흐맛쑤싸오웁
종이	စက္ကူ	+_ 쌕꾸
편지지	စာရေးစက္ကူ	_ /+ _ 싸예쌕꾸
압지	မင်နှိပ်စက္ကူ	_ + + _ 흐밍흐네입쌕꾸
카본지, 카본 인화지	① ကာဗွန်စက္ကူ	_ _ + _ 까붕쌕꾸
	② မင်ခံစက္ကူ	_ _+ _ 흐밍강쌕꾸
제도 용지, 도화지	ပုံဆွဲစက္ကူ	_ /+ _ 뽀웅쇄쌕꾸
복사지	မိတ္တူကူးစက္ကူ	+ _/+ _ 메잇뚜꾸쌕꾸
가공 아트지	ကြွေစက္ကူအတု	_ + _ \ 쯔웨쌕꾸아뚜
사진 복사지	ဓာတ်ပုံမိတ္တူကူးစက္ကူ	+ _ + _ /+ _ 닷뽀웅메잇뚜꾸쌕꾸
신문지	သတင်းစာစက္ကူ	/ _ +_ 다딩자쌕꾸
화장지	အိမ်သာသုံးစက္ကူ	_ _ / + _ 에잉다또웅쌕꾸
투사지	ထပ်ကူးစက္ကူ	+ /+ _ 탑꾸쌕꾸
포장지	ကုန်ထုပ်စက္ကူ	_ + + _ 꼬웅토웁쌕꾸

클립	ရုံးသုံးကလစ်	/ / + 요웅도웅깔릿
종이 내프킨	စက္ကူလက်သုတ်ပဝါ	+ _+ + _ 싹꾸랙또웃빠와
페이퍼 웨이트	စာရွက်ဖိ	_ + \\ 싸유액비
연필	ခဲတံ	/ _ 캐당
연필깎기	① ခဲတံချွန်စက်	/ _ _+ 캐당충잭
	② ခဲတံချွန်ဓား	/ _ _ / 캐당충다
우편 엽서	ပို့စကတ်	\\ + 뽀싸깟
우편 저울	စာချိန်ခွင်	_ _ _ 싸체잉그윙
피트 자	ပေတံ	_ _ 뻬당
직선 자	မျဉ်းတံ	/ _ 밍당
직각 자(목공용)	ကျင်တွယ်	_ _ 찡뙈
가위	ကတ်ကြေး	+ / 깟찌
실링 왁스(봉랍)	ချိပ်	+ 체입
스테이플러(호치키스)	ချုပ်စက်	+ + 초웁쌕
스테이플 핀	ချုပ်စက်အပ်	+ ++ 초웁쌕압
실, 끈, 노끈	ကြိုး	/ 쪼

그림 물감	ပန်းချီဆေး	바지세
칼	ဓား	다
붓	① စုတ်တံ	쏘웃땅
	② စုတ်	쏘웃
달력	ပြက္ခဒိန်	삐얘액가데잉
콤파스	ကွန်ပါ	꿍빠
나침반	ကွန်ပါအိမ်မြှောင်	꿍빠에잉흐먀웅
컴퓨터	ကွန်ပျူတာ	꿍쀼따
전자 계산기	ကွန်ပျူတာသင်္ချာစက်	꿍쀼따띵차쌕
명함	နာမယ်ကတ်ပြား	나매깟빠
수첩	အိတ်ဆောင်စာအုပ်	에잇사웅싸오욥

15. 직업

대학 교수	ပါမောက္ခ	빠마욱카
총·학장	ပါမောက္ခချုပ်	빠마욱카조욥
남교사	ကျောင်းဆရာ	짜웅사야

여교사	ကျောင်းဆရာမ	/ _ \ 짜웅사야마
의사	ဆရာဝန်	_ _ 사야웡
여의사	① ဆရာဝန်	_ _ 사야웡
	② ဆရာဝန်မ	_ _ \ 사야웡마
치과 의사	① သွားစိုက်ဆရာဝန်	/ + _ _ 또싸익사야웡
	② သွားဆရာဝန်	/ _ _ 또사야웡
한방의	သမား	/ 따마
과학자	သိပ္ပံပညာရှင်	+ _ _ _ _ 떼입빵삥냐싱
사회 사업가	လူမှုဝန်ထမ်းလုပ်သား	_ \ _ / + / 루흐무웡당로웁따
여행 안내업자	ခရီးသွားလုပ်ငန်းကိုယ်စားလှယ်	/ / + / _ _ 카이따로웁응앙꼬잘래
부동산 중개업자	① မြေပွဲစား	_ / / 몌쁘왜자
	② အိမ်ပွဲစား	_ / / 에잉쁘왜자
구매업자	အဝယ်တော်	_ _ 아왜도
음악가	ဂီတပညာရှင်	_ \ _ _ _ 기따삥냐싱
화가	ပန်းချီဆရာ	_ _ 바지사야

작가	စာရေးဆရာ	싸예사야
시인	ကဗျာဆရာ	가뱌사야
모델	ကိုယ်ဟန်ပြမယ်	꼬항빠매
변호사	ရှေ့နေ	셰네
신문 기자	သတင်းစာဆရာ	다딩자사야
보험업자	အာမခံကိုယ်စားလှယ်	아마강꼬잘래
호텔 지배인	ဟိုတယ်မန်နေဂျာ	호때망네자
미용사	ဆံပင်အလှပြင်သူ	자빙아흘라삥두
기술자, 엔지니어	အင်ဂျင်နီယာ	잉징니야
경제학자	ဘောဂဗေဒပညာရှင်	보가베다삥냐싱
의상 디자이너	အင်္ကျီပုံစံထုတ်တဲ့သူ	잉지뽀웅장토웃때두
선교사	သာသနာပြု	따다나뷰
사업가	စီးပွားရေးလုပ်ငန်းရှင်	씨봐예로웁응앙싱
자동차 정비사	ယာဉ်ပြင်	잉빙
건축가	ဗိသုကာ	비뚜까
남배우	သရုပ်ဆောင်မင်းသား	따요웁사웅밍다

여배우	သရုပ်ဆောင်မင်းသမီး	+ _ / / 따요웁사웅밍다미
사무원, 서기	စာရေး	/ 싸예
운전수	① ကားဆရာ	/ _ 까사야
	② ကားမောင်းသမား	/ / / 까마웅다마
농부	လယ်သမား	_ / 래다마
노동자	အလုပ်သမား	+ / 알로웁따마
가수	သီချင်းဆိုသူ	/ _ _ 따칭소두
간호사	① သူနာပြု	_ _ \ 뚜나뷰
	② သူနာပြုဆရာမ	_ _ \ _ \ 뚜나뷰사야마
공무원	① ပြည်သူ့ဝန်ထမ်း	_ \ _ / 삐두웡당
	② အစိုးရဝန်ထမ်း	/ \ _ / 아쏘야웡당
군인	စစ်သား	+ / 씻따
외교관	သံတမန်ဝန်ထမ်း	_ _ _ / 땅따망웡당
스포츠맨	အားကစားသမား	/ / / 아가자다마
회사원	ကုမ္ပဏီဝန်ထမ်း	_ _ _ / 꼬웅빠니웡당

16. 쇼핑 리스트

한국어	미얀마어	발음
골동품	ရှေးဟောင်းပစ္စည်း	/ / + / 세하웅삣씨
꽃	ပန်း	/ 빵
조화	ပန်းတု	/ \\ 빵두
핸드백(여성용)	လက်ပွေ့အိတ်	+ \\ + 랙쁘웨에잇
여행 가방	ခရီးဆောင်အိတ်	/ _ + 카이자웅에잇
손가방	လက်ဆွဲအိတ်	+/ + 랙쇄에잇
서류 가방	ရုံးအိတ်	/ + 요웅에잇
등나무 바구니	ကြိမ်ခြင်း	_ / 쩨잉칭
세탁물 바구니	ဒိုဘီခြင်း	_ _ / 도비칭
쓰레기 바구니	အမှိုက်ခြင်း	+ / 아흐마익칭
수영복	ရေကူးဝတ်စုံ	_ / + _ 예꾸우웟쏘웅
건전지	ဓာတ်ခဲ	+/ 닷캐
침대 시트	အိပ်ရာခင်း	+ _ / 에입야깅
벨트	ခါးပတ်	+ 가밧
자전거	စက်ဘီး	+ / 쌕베잉

담요, 모포	စောင်	싸웅
베개	ခေါင်းအုံး	가웅오웅
긴 베개, 베개 받이	ပွေ့အုံး	쁘웨오웅
책	စာအုပ်	싸오웁
부츠, 긴 구두	ဘွတ်ဖိနပ်	붓파납
반바지	ဘောင်းဘီတို	바웅비도
비, 빗자루	တံမြက်စည်း	다비얘액씨
단추	ကြယ်သီး	째디
사진기	ကင်မရာ	낑마라
가구	ပရိဘောဂ	빠리보가
가구(특히 가정용)	အိမ်ထောင်ပရိဘောဂ	에잉다웅빠리보가
양탄자	ကော်ဇော	꼬조
의자	ကုလားထိုင်	깔라타잉
도자기	ကြွေထည်	쯔웨대
성냥	မီးခြစ်	미짓
걸레(청소용)	ဖုံသုတ်အဝတ်	포웅또웃아우엇

부록

한국어	미얀마어	발음
걸레(마루 닦기용)	ကြမ်းတိုက်အဝတ်	/ + + 짱따익아우엇
행주	ပန်းကန်သုတ်အဝတ်	_ + + 바강또웃아우엇
책상보	စားပွဲခင်း	/ / 자뽸깅
도자기 등에 까는 받침	လင်ပန်းခင်း	_ / / 링방깅
요리용구(식기, 냄비 등)	အိုးခွက်	/ + 오크왝
화장품	အလှကုန်ပစ္စည်း	\ _ + / 아흘라고웅삣씨
무명 옷감	ချည်ထည်	_ _ 치대
비단 옷감	ပိုးထည်	/ _ 뽀대
유리 제품	ဖန်ထည်	_ _ 팡대
받침 접시가 딸린 컵	လက်ဖက်ရည်ပန်းကန်စုံ	+ _ _ _ 라팩예바강조웅
방석	ဖုံ	_ 포웅
세제	ကြေးချွတ်ဆေး	/ + / 지촛세
디너 세트	ထမင်းစားပန်းကန်စုံ	/ / _ _ 타밍싸바강조웅
소독약, 살균제	ရောဂါပိုးသတ်ဆေး	/ _ / + / 요가뽀땃세
살충제	ပိုးသတ်ဆေး	/ + / 뽀땃세
부인복	မိန်းမဝတ်	/ \ + 메잉마우엇

한국어	미얀마어	발음	성조
아동복(소녀용)	မိန်းကလေးဝတ်	메잉갈레우엇	/ / +
전기 제품	လျှပ်စစ်ပစ္စည်း	흘리얍씻삣씨	+ + + /
침대	ခုတင်	가딩	_
접는 침대	ခေါက်ခုတင်	카욱가딩	+ _
요리용 가스 레인지	ဓာတ်ငွေ့မီးဖို	닷응웨미보	+ \ / _
가스통	ဓာတ်ငွေ့ဘူး	닷응웨부	+ \ /
가정용 유리컵	အိမ်သုံးဖန်ခွက်	에잉도웅팡그왝	_ / _ +
모자	ဦးထုပ်	오웃토웁	+ +
머리장식, 머리 가리개	ဦးဆောင်း	오웃사웅	+ /
니트 웨어	ဇာထိုးပန်းထိုး	자토빵토	_ / / /
라이터 돌	မီးခြစ်ကျောက်	미짓짜욱	/+ +
라이터 연료유	မီးခြစ်လောင်စာဆီ	미짓라웅자시	/+ _ _ _
자물쇠	သော့ခလောက်	또갈라욱	\ +
열쇠	သော့	또	\
매니큐어 도구	လက်သည်းထိုးကိရိယာ	랙때토까리야	+ / / \ _
돗자리, 멍석 ①	ဖျာ	퍄	_

	② အခင်း	/ 아킹
매트리스, 요	မွေ့ရာ	\ _ 뭬야
안경	မျက်မှန်	+ _ 미얘액흐망
거울	① မှန်	_ 흐망
	② ကြည့်မှန်	\ _ 찌흐망
모기장	ခြင်ထောင်	_ _ 칭다웅
악기	တူရိယာ	_ \ _ 뚜리야
레코드	ဓာတ်ပြား	+ / 닷빠
향수	ရေမွှေး	_ / 예흐웨
커피 포트	ကော်ဖီပေါင်းအိုး	_ _ / / 꼬피빠웅오
사진틀, 액자	ဓာတ်ပုံဘောင်	+ _ _ 닷뽀웅바웅
찻잔	ပန်းကန်ခွက်ယောက်	_ + + 바강쾌액야욱
병, 항아리, 단지	ပန်ဘူး	_ / 팡부
요리용 남비	အိုး	/ 오
돈지갑	ပိုက်ဆံအိတ်	+ _ + 빠익상에잇
비옷	မိုးကာ	/ _ 모가

라디오	ရေဒီယို	— — — 레디요
전기 면도기	မုတ်ဆိတ်ရိတ်စက်	+ + + + 모웃세잇예잇쌕
면도칼	မုတ်ဆိတ်ရိတ်ဓား	+ + + / 모웃세잇예잇다
기성복	ချုပ်ထည်	+ _ 초웁태
냉장고	ရေခဲသေတ္တာ	_ /+ _ 예개띳따
신	ဖိနပ်	+ 파납
샌달	ညှပ်ဖိနပ်	+ + 흐냐압파납
구두끈	ဖိနပ်ကြိုး	+ / 파납쪼
구두약	ဖိနပ်တိုက်ဆေး	+ + / 파납따익세
저울	ချိန်ခွင်	— — 체잉그윙
가위	ကတ်ကြေး	+ / 깟찌
쇠그물 창	ခြင်ဆန်ခါတံခါး	_ _ / 칭자가다가
재봉틀	အပ်ချုပ်စက်	+ + + 압초웁쌕
스포츠용품	အားကစားပစ္စည်း	/ /+ / 아가자삣씨
문방구	စာရေးကိရိယာ	_ / _ 싸예까리야
책상	စားပွဲ	/ 자봬

다리미질 책상	မီးပူတိုက်ခုံ	/ _ + _	미부따익코웅
타자기 책상	လက်နှိပ်စက်စားပွဲ	+ + + /	랙흐네입쌕자봬
테이블 램프	စားပွဲတင်မီး	/ _ /	자봬띵미
흑백 텔레비젼	အဖြူအမဲရုပ်မြင်သံကြားစက်	_ / + _ _ /+	아퓨아매요웁밍땅자쌕
칼라 텔레비젼	ရောင်စုံရုပ်မြင်သံကြားစက်	_ _ + _ _ /+	야웅조웅요웁밍땅자쌕
도시락	① ထမင်းချိုင့်	/ \	타밍자잉
	② ဆွဲချိုင့်	/ \	쇄자잉
쟁반, 납작한 접시	လင်ပန်း	_ /	링방
속옷	အတွင်းခံ	/ _	아뜨윙강
속옷(남성용)	စွပ်ကျယ်	+ _	쑵째
속옷(여성용)	ချွေးခံ	/ _	쵀강
진공 청소기	ဖုန်စုပ်စက်	_ + +	포웅쏘웁쌕
시계	နာရီ	_ _	나이
가발	ဆံတု	\	자두

커텐		ခန်းဆီး	/ / 캉지
유니폼	①	ယူနီဖောင်း	_ _ / 유니파웅
	②	ဝတ်စုံ	+ _ 우엇쏘웅

17. 사람

사람		လူ	_ 루
남자		ယောကျ်ား	+ / 야욱짜
여자		မိန်းမ	/ \\ 메잉마
남편	①	လင်	_ 링
	②	ယောကျ်ား	+ / 야욱짜
아내	①	မယား	/ 마야
	②	မိန်းမ	/ \\ 메잉마
아들		သား	/ 따
딸		သမီး	/ 따미
소년	①	ယောကျ်ား(က)လေး	+ / / 야욱짜(갈)레
	②	လူ(က)လေး	_ / 루갈레

소녀	မိန်းကလေး၊မိန်းမ(က)လေး	/　/　/ \　/ 메잉갈레 메잉마(갈)레
어린이	ကလေး	/ 칼레
유아	① နို့စို့	\ \ 노조
	② နို့စို့(က)လေး	\ \　/ 노조(갈)레
노인	① လူအို	_ _ 루오
	② သက်ကြီးရွယ်အို	+ / _ _ 땍찌유애오
노파	① အမယ်ကြီး	_ / 아매지
	② အမယ်အို	_ _ 아매오
	③ အမယ်ကြီးအို	_ / _ 아매지오
장년	လူကြီး	_ / 루지
중년	လူလတ်	_ + 루랏
청년	လူငယ်	_ _ 루응애
총각	လူပျို	_ _ 루뵤
처녀	အပျို	_ 아뾰
형제	ညီအစ်ကို	_ _ 니아꼬

자매	ညီအစ်မ	니아마
형제자매	ညီအစ်ကိုမောင်နှမ	니아꼬마웅흐나마
형, 오빠	အစ်ကို	아꼬
누나, 언니	အစ်မ	아마
남동생(형에서 본)	ညီ	니
남동생(누나에서 본)	မောင်	마웅
여동생(오빠에서 본)	နှမ	흐나마
여동생(언니에서 본)	ညီမ	니마
아버지	အဖေ	아페
어머니	အမေ	아메
할아버지	အဖိုး	아포
할머니	အဖွား	아퐈
큰아버지(백부)	ဘကြီး	바지
작은아버지(숙부)	ဘထွေး	바뒈
외숙부(어머니의 오빠)	ဦးကြီး	우지
외숙부(어머니의 남동생)	ဦးလေး	우레

한국어	미얀마어	발음 (성조)
백모, 이모(어머니의 언니)	ကြီးတော်	/ _ 지도
숙모, 이모(어머니의 여동생)	အဒေါ်	_ 아도
사촌형제, 사촌자매	တစ်ဝမ်းကွဲ	/ / 따웡괘
조카	တူ	_ 뚜
조카딸	တူမ	_ \\ 뚜마
부모	မိဘ	\\ \\ 미바
장인, 장모, 시아버지, 시어머니	ယောက္ခမ	+ \\ 야욱카마
장인, 시아버지	ယောက္ခမယောက်ျား	+ \\ + / 야욱카마야욱짜
장모, 시어머니	ယောက္ခမမိန်းမ	+ \\ / \\ 야욱카마메잉마
양자	ကိတ္တိမသား	+ \\ \\ / 께잇띠마따
양녀	ကိတ္တိမသမီး	+ \\ \\ / 께잇띠마따미
홀아비	မုဆိုးဖို	+ / _ 모웃소보
과부	မုဆိုးမ	+ / \\ 모웃소마
고아	① မိဘမဲ့	\\ \\ \\ 미바매
	② မိဘမဲ့ကလေး	\\ \\ \\ / 미바매칼레
친구	① သူငယ်ချင်း	_ / 따응애징

	② မိတ်ဆွေ	메잇쉐
주인	① အိမ်ရှင်	에잉싱
	② အိမ်ထောင်ဦးစီး	에잉다웅우지
여주인	အိမ်ရှင်မ	에잉싱마
시녀	အိမ်ဖော်	에잉보
신사	လူကြီးလူကောင်း	루지루가웅
숙녀	မိန်းမကောင်း	메잉마가웅

18. 인체

머리	ခေါင်း	가웅
몸통	ကိုယ်ထည်	꼬대
사지	ခြေလက်အင်္ဂါ	치랙잉가
두개골	ခေါင်းခွံ	가웅궁
이마	နဖူး	나푸
코	နှာခေါင်း	흐나카웅
귀	နား	나

입	ပါးစပ်	바잡
구강	ခံတွင်း	가드윙
혀	လျှာ	샤
치아	သွား	또
윗입술	အထက်နှုတ်ခမ်း	아택흐나캉
아랫입술	အောက်နှုတ်ခမ်း	아욱흐나캉
위턱	မေးရိုး	메요
아래턱	မေးစေ့	메지
눈	မျက်စေ့	미얘액씨
눈동자	① မျက်လုံး	미얘액로웅
	② မျက်ဆန်	미얘액상
눈꺼풀	မျက်ခွံ	미얘액쿵
속눈썹	မျက်တောင်	미얘액따웅
눈썹	မျက်ခုံး	미얘액코웅
관자놀이	နားထင်	나팅
얼굴	မျက်နှာ	미얘액흐나

뇌	ဦးနှောက်	/ + 오웅흐나욱
두발	ဆံပင်	_ 자빙
털	အမွေး	/ 아뭬
콧수염	နှုတ်ခမ်းမွေး	/ / 흐나캉뭬
턱수염	① မုတ်ဆိတ်မွေး	+ + / 모웃세잇뭬
	② မုတ်ဆိတ်	+ + 모웃세잇
목	လည်ပင်း	_ / 래빙
목덜미	လည်ကုပ်	_ + 래고웁
목구멍	လည်ချောင်း	_ / 래자웅
어깨	ပခုံး	/ 빠코웅
심장	နှလုံး	/ 흐나로웅
등	① ကျော	/ 쪼
	② ကျောကုန်း	/ / 쪼고웅
가슴	① ရင်ဘတ်	_ + 잉밧
	② ရင်အုပ်	_ + 잉오웁
가슴(여성의)	① ရင်သား	_ / 잉다

	②	ရင်အုံ	— — 잉오웅
배	①	ဗိုက်	+ 바익
	②	ဝမ်းဗိုက်	/ + 윙바익
늑골, 갈빗대		နံရိုး	— / 낭요
척추, 등뼈		ကျောရိုး	/ / 쪼요
폐		အဆုတ်	+ 아소웃
위		အစာအိမ်	— — 아싸에잉
장		အူ	— 우
대장	①	အူမ	— \\ 우마
	②	အူမကြီး	— \\ / 우마지
소장		အူသိမ်	— — 우데잉
맹장		အူအတက်	— + 우아땍
십이지장		အူသိမ်ဦး	— — / 우데잉우
간		အသည်း	/ 아때
신장		ကျောက်ကပ်	+ + 짜욱깝
자궁		သားအိမ်	— 따에잉

허리	ခါး	/ 카
식도	အစာပြွန်	_ _ 아싸뿡
둔부	① တင်ပါး	_ / 띵바
	② တင်ပါးဆုံ	_ _ 띵바소웅
	③ ဖင်	_ 핑
항문	① စအို	_ 싸오
	② ဒွါရပေါက်	_ \ + 돠야바욱
배꼽	ချက်	+ 책
피부	① အသားအရေ	/ _ 아따아예
	② အရေပြား	_ / 아예뱌
동공	သူငယ်အိမ်	_ _ 따응애에잉
뼈	အရိုး	/ 아요
근육	ကြွက်သား	+ / 쨰액따
살	အသား	/ 아따
신경	① အာရုံကြော	_ _ / 아요웅조
	② အကြော	/ 아쪼

한국어	미얀마어	성조	발음
혈액	သွေး	/	뛔
동맥	သွေးလွှတ်ကြော	/ + /	뛔흘룻쪼
정맥	သွေးပြန်ကြော	/ _ /	뛔뱌앙조
손	လက်	+	랙
팔	လက်မောင်း	+ /	랙마웅
팔꿈치	တံတောင်ဆစ်	_ +	다다웅짓
손목	လက်ကောက်ဝတ်	+ + +	랙까욱우엇
주먹	① လက်ဆုပ်	+ +	랙소웁
	② လက်သီး	+/	랙띠
손가락	လက်ချောင်း	+ /	랙차웅
엄지 손가락	လက်မ	+\	랙마
집게 손가락(식지)	လက်ညှိုး	+ /	랙흐노
가운뎃손가락(중지)	လက်ခလယ်	+ _	랙칼래
넷째 손가락(약지)	လက်သူကြွယ်	+ _	랙다쫴
새끼 손가락(소지)	လက်သန်း	+/	랙땅
손바닥	① လက်ဝါး	+/	랙와

	②	လက်ဖဝါး	+ / 랙파와
손등		လက်ဖမိုး	+ / 랙파모
손톱		လက်သည်း	+/ 랙때
발	①	ခြေ	– 체
	②	ခြေထောက်	– + 치다웃
정강이	①	ခြေသလုံး	– / 치달로웅
	②	ညို့သကျည်း	\ / 뇨다지
넓적다리, 가랑이		ပေါင်	– 빠웅
무릎		ဒူး	/ 두
발뒤꿈치		ခြေဖနောင့်	– \ 치바나웅
발바닥		ခြေဖဝါး	– / 치바와
발가락		ခြေချောင်း	– / 치자웅
침		တံတွေး	/ 다뒈
땀		ချွေး	/ 쉐
땀구멍		ချွေးအိတ်	/ + 쉐에잇
콧물	①	နှာရည်	– – 흐나예

	② နှပ်	+ 흐납
담, 가래	သလိပ်	+ 딸레입
눈물	မျက်ရည်	+ _ 미얘액예
눈곱	မျက်ချေး	+ / 미얘액치
소변	① ဆီး	/ 시
	② ကျင်ငယ်	_ _ 찡응애
	③ သေး	/ 떼
대변	① ချေး	/ 치
	② ကျင်ကြီး	_ / 찡지
	③ မစင်	_ 마씽
볼, 뺨	ပါး	/ 빠
담낭, 쓸개	သည်းခြေအိတ်	/ _ + 때제에잇
망막	မြင်လွှာ	_ _ 밍흘롸
모근	① ဆံရင်း	_ / 상잉
	② ဆံမြစ်	_ + 상밋

19. 가옥

방	အခန်း	/ 아캉
침실	အိပ်ခန်း	+ / 에입캉
식당	ထမင်းစားခန်း	/ / / 타밍싸강
응접실	ဧည့်ခန်း	\ / 애강
서재	① စာကြည့်ခန်း	_ \ / 싸찌강
	② စာဖတ်ခန်း	_ + / 싸팟캉
부엌	မီးဖိုချောင်	/ _ _ 미보자웅
화장실	အိမ်သာ	_ _ 에잉다
현관	① ဆင်ဝင်	_ _ 싱윙
	② ဖိနပ်ချွတ်	+ + 파납춧
복도	① စင်္ကြံ	/ _ 징장
	② ပတ်လမ်း	+ / 빳랑
2층	အပေါ်ထပ်	_ + 아뽀닷
지하실	မြေအောက်ခန်း	_ + / 메아욱캉
계단	လှေကား	_ / 흘레가

2층집	နှစ်ထပ်အိမ်	흐나탑에잉
발코니	လသာဆောင်	라다자웅
베란다	ဝရန်တာ	와랑다
문	တံခါး	다가
창문	ပြတင်းပေါက်	바딩바욱
벽	နံရံ	낭양
천장	မျက်နှာကြက်	미얘액흐나잭
마루	ကြမ်း	짱
지붕	အမိုး	아모

20. 실내 비품

책상(사무용, 독서용)	စာရေးစားပွဲ	싸예자봬
테이블	စားပွဲ	자봬
의자	ကုလားထိုင်	깔라타잉
팔걸이 의자, 안락 의자	လက်တင်ကုလားထိုင်	랙띵깔라타잉
긴 의자, 소파 ①	ခုံရှည်	코웅셰

	② ဆိုဖာ	소파
벤치	ခုံတန်းလျား	코옹땅야
침대	ခုတင်	가딩
화로	မီးဖို	미보
책장	စာအုပ်ဗီရို	싸오욥비도
시계	နာရီ	나이
탁상 시계	စားပွဲတင်နာရီ	자봬띵나이
벽시계	တိုင်ကပ်နာရီ	따잉깝나이
장롱	ဗီရို	비도
옷장	အဝတ်ဗီရို	아우엇비도
그림 액자	ပန်းချီကား	바지까
커텐	ကန့်လန့်ကာ	깔라가
꽃병	ပန်းအိုး	빵오
전등	① မီးလုံး	미로웅
	② မီးသီး	미디
양탄자	ကော်ဇော	꼬조

라디오	ရေဒီယို	레디요
텔레비젼 수상기	ရုပ်မြင်သံကြားစက်	요웁밍땅자쌕
선풍기	ပန်ကာ	빵까
피아노	စန္ဒရား	쌍다야
에어컨	လေအေး(ပေး)စက်	레에(뻬)잭
세탁기	အဝတ်လျှော်စက်	아우엇쇼잭

21. 요리

빵	ပေါင်မုန့်	빠웅모웅
버터	ထောပတ်	토밧
치즈	ဒိန်ခဲ	데잉개
잼	ယို	요
밥	ထမင်း	타밍
장	ပဲငံပြာရည်	빼응앙뱌예
소금	ဆား	사
설탕	သကြား	다자

맑은 스프	စွပ်ပြုတ်(ရည်)	+ + _ 쑵뽀웃(예)
고기	အသား	/ 아따
쇠고기	အမဲသား	/ / 아매다
돼지고기	ဝက်သား	+/ 왝따
닭고기	ကြက်သား	+/ 짹따
스튜 요리	ပြုတ်ချက်	+ + 뾰웃책
로스트 비프	အမဲသားမီးကင်	/ / / _ 아매다미깅
비프 스테이크	အမဲသားကြော်ချက်	/ / _+ 아매다조잭
국수	ခေါက်ဆွဲ	+ / 카욱쇄
삶은 계란	ကြက်ဥပြုတ်	+\ + 짹우뵤웃
계란 후라이	ကြက်ဥကြော်	+\ _ 짹우조
굴 튀김	ကမာကြော်	_ _ 까마조
새우 튀김	ပုစွန်ကြော်	_ _ 바중조
감자 튀김	အာလူးကြော်	_ / _ 아루조
야채 샐러드	ဟင်းသီးဟင်းရွက်ဆလတ်	/ / / + + 힝디힝유액살랏
파이	ဌာပနာမုန့်	_ _ \ 타빠나모웅

아이스크림	ရေခဲမုန့်	_ / \ 예개모웅

22. 과일

코코야자	အုန်းသီး	/ / 오웅디
사과	ပန်းသီး	/ / 빵디
배	သစ်တော်သီး	+ _ / 띳또디
포도	စပျစ်သီး	+ / 자빗띠
버찌	ချယ်ရီသီး	_ _ / 채리디
복숭아	မက်မွန်သီး	+ _ / 맥뭉디
딸기	စထရောဘယ်ရီ	/ _ _ 싸타로배리
오렌지	လိမ္မော်သီး	_ _ / 레잉모디
바나나	ငှက်ပျောသီး	/ / 응아뾰디
파인애플	နာနတ်သီး	_ + / 나낫띠
참외	သခွားမွှေး	/ / 따콰흐웨
수박	ဖရဲသီး	/ / 파얘디
무화과	သဖန်းသီး	/ / 따팡디

대추의 일종	တရုတ်ဆီးသီး	+ / / 따요웃지디
두리안	ဒူးရင်းသီး	/ / / 두잉디
망고	သရက်သီး	+ / 따얘액띠
망고스틴	မင်းကွတ်သီး	/ + / 밍굿띠
파파야	သင်္ဘောသီး	/ / / 띵보디

23. 음료

물	ရေ	_ 예
온수	ရေနွေး	_ / 예눼
냉수	ရေအေး	_ / 예에
녹차의 일종	ရေနွေးကြမ်း	_ / / 예눼장
홍차	လက်ဖက်ရည်	+ _ 라팩예
커피	ကော်ဖီ	_ _ 꼬피
블랙 커피	ကော်ဖီမဲ	_ _ / 꼬피매
코코아	ကိုကိုး	_ / 꼬꼬
초콜릿	ချောကလက်	/ + 초깔랙

술	အရက်	+ 아얘액
알코올 음료	သေရည်သေရက်	_ _ _ + 떼이떼얘액
포도주	① ဝိုင်	_ 와잉
	② စပျစ်ရည်	+ _ 자빗예
맥주	ဘီယာ	_ _ 비야
브랜디	ဘရန်ဒီ	_ _ 바랑디
꼬냑	ကောညက်	/ + 꼬니얘액
샴페인	ရှန်ပိန်အရက်	_ _ + 샹뻬잉아얘액
주스	သစ်သီးရည်	+ / _ 띳띠예
사이다, 콜라	ဘီလပ်ရည်	\ + _ 비랍예
오렌지 주스	လိမ္မော်ရည်	_ _ _ 레잉모예
우유	နွားနို့	/ \ 놔노

24. 복장

신사복 상의	အနောက်တိုင်းအင်္ကျီ	+ / / _ 아나욱따잉잉지
조끼	အောက်ခံလက်တိုအင်္ကျီ	+ _ + _ / _ 아욱캉랙또잉지

바지	ဘောင်းဘီ	/ _ 바웅비
오버코트	အပေါ်အင်္ကျီ	_ / _ 아뽀잉지
망토	① ဝတ်ရုံ	+ _ 우엇요웅
	② ဝတ်လုံ	+ _ 우엇로웅
모닝 코트	တိုက်ပုံအင်္ကျီ	+ _ / _ 따익뽀웅잉지
프록 코트	အပေါ်အင်္ကျီရှည်	_ / _ _ 아뽀잉지셰
연미복, 이브닝 드레스(야회복)	ညနေခင်းဆင်ထည်	\ _ / _ _ 냐네깅싱대
턱시도, 디너 자켓	ညစာဝတ်ရုံ	\ _ + _ 냐자우엇요웅
브라자	ဘရာစီယာ	_ _ _ 바라씨야
손수건	လက်ကိုင်ပဝါ	+ _ _ 랙까잉빠와
평상복	နေ့စဉ်သုံးအဝတ်အစား	\ _ / + / 네징도웅아우엇아싸
부인용 상의	ရင်ဖုံးအင်္ကျီ	_ / / _ 잉보웅잉지
스커트	ထဘီအတို	_ _ 타메잉아또
브라우스	ဘလောက်အင်္ကျီ	+ / _ 발라욱잉지
스웨터	ဆွယ်တာ	_ _ 쇄따
파자마	ညဝတ်အင်္ကျီ	\ + / _ 냐우엇잉지

와이셔츠	ရှပ်အင်္ကျီ	+ / _ 샵 잉 지
팬티	အောက်ခံဘောင်းဘီ	+ _ / _ 아 웃 캉 바 웅 비
숄	① ရှောစောင်	/ _ 쇼 자 웅
	② တဘက်	+ 다 백
속옷	အတွင်းခံ	/ _ 아 뜨 윙 강
남자용 속옷	စွပ်ကျယ်	+ _ 쑵 째
여자용 속옷	ချွေးခံ	/ _ 췌 강
넥타이	လည်စည်း	_ / 래 지
스카프	လည်ပတ်	_ + 래 밧
장갑	လက်အိတ်	+ + 랙 에 잇
양말	① ခြေစွပ်	_ + 치 줍
	② ခြေအိတ်	_ + 치 에 잇
스타킹	ခြေအိတ်ရှည်	_ + _ 치 에 잇 셰
벨트	ခါးပတ်	+ 가 밧

25. 신발

한국어	미얀마어	성조	발음
신발, 구두	① ဖိနပ်	+	파납
	② ရှူးဖိနပ်	/ +	슈파납
	③ နောက်ပိတ်ဖိနပ်	+ + +	나욱뻬잇파납
신발 한 켤레	ဖိနပ်တစ်ရံ	+ _	파납따양
가죽 구두	သားရေဖိနပ်	_ +	따예파납
부츠, 장화	ဘွတ်ဖိနပ်	+ +	붓파납
샌달	ညှပ်ဖိနပ်	+ +	흐냐압파납
나막신	ခုံဖိနပ်	_ +	코웅파납
슬리퍼	① စွပ်ဖိနပ်	+ +	쑵파납
	② ရှေထိုးဖိနပ်	\ / +	셰도파납
구두 주걱	ဖနောင့်ချသံကော်	\ \ _ _	파나웅차땅고
구두약	ဖိနပ်တိုက်ဆေး	+ + /	파납따익세
고무신	ရော်ဘာဖိနပ်	_ _ +	로바파납
하이힐	ခုံမြင့်ဖိနပ်	_ \ +	코웅밍파납

26. 교통 수단

기차	မီးရထား	미야타
급행 열차	အမြန်ရထား	아먄야타
완행 열차(보통 열차)	① အနှေးရထား	아흐네야타
	② လော်ကယ်ရထား	로깨야타
여객 열차	လူစီးရထား	루지야타
전차	ဓာတ်ရထား	닷야타
지하철	မြေအောက်ရထား	메아웃야타
객차	လူစီးတွဲ	루지돼
침대차	အိပ်ခန်းတွဲ	에입캉돼
식당차	စားသောက်တွဲ	싸따웃뙈
화차	ကုန်တွဲ	꼬웅돼
우편차	စာတိုက်တွဲ	싸다익뙈
기관차	① ခေါင်းတွဲ	가웅돼
	② မီးရထားခေါင်းတွဲ	미야타가웅돼
	③ မီးရထားစက်ခေါင်း	미야타쌕가웅

전기 기관차	လျှပ်စစ်မီးရထားစက်ခေါင်း	+ + / / + / 흘리얍씻미야타색가웅
자동차	မော်တော်ကား	_ _ / 모또까
버스	ဘတ်စ်ကား	+ / 밧싸까
택시	① တက္ကစီ	+ _ 땍까씨
	② တက္ကစီကား	+ _ / 땍까씨까
렌터카	အငှားကား	/ / 아흥아까
오토바이	မော်တော်ဆိုင်ကယ်	_ _ _ _ 모또사잉깨
모터보트	မော်တော်ဘုတ်	_ _ + 모또보웃
자전거	စက်ဘီး	+ / 쌕베잉
비행기	လေယာဉ်ပျံ	_ _ _ 레잉뱌앙
여객기	ခရီးသည်တင်လေယာဉ်	/ _ _ _ _ 카이대딩레잉
배	သင်္ဘော	/ / 띵보
기선	မီးသင်္ဘော	/ / / 미띵보
기차에 타다	ရထားစီးတယ်။	/ / _ 야타 씨 대
기차로 가다	မီးရထားနဲ့သွားတယ်။	/ / \ / _ 미야타 내 또 대

한국어	미얀마어	성조	발음
자동차로	မော်တော်ကားနဲ့	_ _ / \	모또까 내
자전거로	စက်ဘီးနဲ့	+ / \	쌕베잉 내
버스로	ဘတ်စကားနဲ့	+ / \	밧싸까 내
여객기로	ခရီးသည်တင်လေယာဉ်နဲ့	/ _ _ _ _ \	카이대딩레잉 내
배로	သင်္ဘောနဲ့	/ / \	띵보 내
도보로 가다	ခြေကျင်သွားတယ်။	_ _ / _	치징 따 대
마차	① မြင်းရထား	/ /	밍야타
	② မြင်းလှည်း	/ /	밍흘래
우차	① နွားလှည်း	/ /	놔흘래
	② လှည်းယာဉ်	/ _	흘래잉

27. 질병

한국어	미얀마어	성조	발음
두통	ခေါင်းကိုက်ခြင်း	/ + /	가웅까익칭
치통	သွားကိုက်ခြင်း	/ + /	따까익칭
복통	ဗိုက်နာခြင်း	+ _ /	바익나징
감기	အအေးမိခြင်း	/ \ /	아에미징

열병	အဖျား	/ 아퍄
천식	ပန်းနာရောဂါ	/ _ / _ 빵나요가
기침	ချောင်းဆိုးခြင်း	/ / / 차웅소징
폐결핵	အဆုတ်ရောဂါ	+ /_ 아소웃요가
심장병	နှလုံးရောဂါ	/ /_ 흐나로웅요가
암	ကင်ဆာရောဂါ	_ _ / _ 낑사요가
빈혈	① သွေးပေါ့နာ	/ \ _ 뛔뽀나
	② သွေးအားနည်းခြင်း	/ / / / 뛔아내징
정신병	စိတ္တဇရောဂါ	+ \ / _ 쎄잇다자요가
황달	အသားဝါရောဂါ	/ _ /_ 아따와요가
당뇨병	ဆီးချိုရောဂါ	/ _ / _ 시조요가
고혈압	သွေးတိုးရောဂါ	/ / / _ 뛔도요가
소화불량	အစာမကြေရောဂါ	_ _ / _ 아싸마쩨요가
중이염	နားအုံရောင်နာ	_ _ _ 나오웅야웅나
콜레라	ကာလဝမ်းရောဂါ	_ \ / / _ 까라웽요가
장티푸스	အူရောင်ငန်းဖျားရောဂါ	_ _ / / / _ 우야웅응앙뱌요가

이질	①	ဝမ်းကိုက်နာ	/ + _ 웡까익나
	②	ဝမ်းကိုက်ရောဂါ	/ + / _ 웡까익요가
류마치스		အဆစ်ရောင်နာ	+ _ _ 아싯야웅나

저자 약력

한국외국어대학교 태국어과 졸업
일본 오사카외국어대학 대학원 버마어과 졸업
미얀마 양공외국어대학 미얀마어과 수학
미국 앨라바마주 트로이 주립대학 연구교수
현재 부산외국어대학교 미얀마어과 교수

가장 알기쉬운 영어대조
기초 미얀마어 회화

초판인쇄 2013년 9월 20일
초판발행 2013년 9월 25일

저자 최재현
발행인 이재명
발행처 삼지사
등록번호 제 406-2011-000021호
주소 경기도 파주시 산남동 316번지
전화 031-948-4502, 070-4273-4562
팩스 031-948-4508
홈페이지 www.samjisa.com

책값은 뒤표지에 있습니다.

잘못된 책은 구입하신 서점에서 바꾸어 드립니다

ISBN 978-89-7358-478-9 18730

이 도서의 국립중앙도서관 출판시도서목록(CIP)은
서지정보유통지원시스템 홈페이지(http://seoji.nl.go.kr)와
국가자료공동목록시스템(http://www.nl.go.kr/kolisnet)에서 이용하실 수 있습니다
(CIP제어번호: CIP2013015541)